Stange ● **Geschichte des Denkmals auf der Dusenddüwelswarf**

Das Denkmal auf dem Dusenddüwelswarf.

Johann Stange

Geschichte
des Denkmals
auf der
Dusenddüwelswarf

herausgegeben von

Wolfgang W. Schulz

Neuauflage
2015

ISBN 9783735740502

© 2014 Verein für Dithmarscher Landeskunde, Meldorf
          überarbeitete Neuauflage 2015
Gestaltung: Wolfgang W. Schulz
Herstellung und Verlag: BoD - Books on Demand, Norderstedt

Vorbemerkungen

Archiv für Dithmarscher Landeskunde

2011 hat der Verein für Dithmarscher Landeskunde (VDL) ein Archiv in Betrieb genommen, um Dokumente, Bücher, andere Dinge aufzunehmen, die dazu geeignet sind, Kenntnis über Land und Leute in Dithmarschen zu vertiefen, aus unüblichen Blickwinkeln zu betrachten, die auch möglicherweise überlieferte Gewissheiten und Anschauungen um ungewohnte Nuancen anreichern können.

Als weitere Aufgabe soll das Archiv den Menschen dieser Region einen Ort bieten, dem sie Unterlagen mit Aussagen zu Land und Leuten, Kultur, Natur und Geschichte überlassen können, um sie vor dem Untergang zu bewahren und auch in der Region zu belassen.

Schließlich ist von den bestehenden Archiven bekannt, dass die meisten die Grenzen ihrer Aufnahmekapazität erreicht, oder gar bereits überschritten haben. In dieser Situation sind ihnen auch nicht immer Gaben aus privatem Besitz willkommen.

Weiter entfernte Archive tun sich oft auch schwer in der Beurteilung, was noch sinnvoll entgegen genommen werden kann und auch geeignet ist, zu einer neuen Betrachtung von längst Bekanntem beizutragen.

Nun ist der Verein nicht der Sammelleidenschaft erlegen. Neben das Einordnen in Bekanntes, Bewerten nach Aussagekraft, Pflegen des Bewahrenswerten, Öffnen für Interessierte tritt auch das Bekannt-machen und Verbreiten von allem, was neue, ungewohnte Perspektiven auf Bekanntes eröffnet, neue Zusammenhänge vermittelt oder gar Neues an den Tag bringt.

Eingestanden, das Betätigungsfeld ist weit gespannt.
Den umschriebenen Raum kann dieses Archiv nicht füllen.
Aber das Echo eines losgetretenen Steines kann das Ausmaß dieses Raumes erahnen lassen.

Das Manuskript von Johann Stange

Bereits in den ersten Monaten nach dem Aufbau des Archivs sind dem VDL etliche, vielfältige Objekte zur Verfügung gestellt worden. Besondere Aufmerksamkeit hat das undatierte Manuskript von Johann Stange über die "Geschichte des Denkmals auf der Dusend-düwelswarf" gewonnen, das uns seine Enkel zusammen mit ergänzenden Unterlagen zu seiner Familie überlassen haben:

(1) Eine Abschrift der Aufzeichnungen von Johann Stange datiert auf den 17. Februar 1938 mit dem Titel: Der Stammbaum.

Diese Aufzeichnungen über die väterliche Linie reichen zurück ins Jahr 1729 zur Geburt von Claas Stange in Hohn bei Rendsburg, beschreiben die Umsiedlung der Familie nach Nordhastedt und die Entwicklung des Hofes über die Generationen bis zum Tod des Großvaters Johann Stange am 13. Mai 1872.

(2) Eine Abschrift von Lebenserinnerungen, die Johann Stanges Ehefrau, Margarethe Stange, geb. Thedens, 1860 bis 1947, ab ihrem 80. Lebensjahr auf Anregung ihrer Enkel aufgezeichnet hat.

(3) Schließlich war auch ein erstes Transkript der Geschichte des Denkmals, 2008 angefertigt im Auftrag der Familie von Erika und Hans-Jürgen Roth, Fallersleben, beigefügt.

Johann Stanges Geschichte des Denkmals hat im Vorstand des VDL großes Interesse gefunden. So wurde nach eingehender Beschäftigung entschieden, diese Quelle mit ihrer einzigartigen Darstellung aus der Perspektive eines am Entstehen des Denkmals Beteiligten für eine Veröffentlichung vorzusehen.

Die Handschrift von Johann Stange ist nicht immer eindeutig zu entziffern.

So enthält das vorliegende Transkript eine Vielzahl von Ungenauig-keiten, die sich nur auffinden lassen bei guter Kenntnis der Geschichte und Gegebenheiten von Land und Leuten in Dithmarschen.

Einige nicht entzifferte Stellen, vor allem Personennamen und Orts-
bezeichnungen, insbesondere heute nicht mehr übliche, ließen sich
auch nur durch weitere Recherchen klären.
Dadurch ist eine vollkommen neue Transkription entstanden.
Sie folgt zeilen- und seitengerecht und orthographisch dem
Manuskript.

Die Markierung [*] verweist auf eine Fußnote des Herausgebers.
Die Markierung [ ] umschließt eine Änderung des Herausgebers.

Die Arbeiten an der Übertragung brachten in der Zusammenarbeit mit
dem Archiv im Dithmarscher Landesmuseum eine weitere Handschrift von Johann Stange zur Geschichte des Denkmals zu Tage. Die
Titelseite trägt das Datum 7. April 1931. Es liegen keine Hinweise
vor, ob dieses Manuskript bereits zuvor benutzt wurde.

Beide Exemplare sind weitestgehend wortgleich. Die Abweichungen
sind in Abkürzungen von Vornamen bzw. Fortlassen von
Funktionsbezeichnungen zu sehen. Das Exemplar im Dithmarscher
Landesmuseum umfasst allerdings noch Anhänge mit Aufstellungen
über Datums-, Orts- und Teilnehmerangaben der Versammlungen,
Tagesordnungen und Beschlüssen, sowie einer Schilderung der Feier
in Hemmingstedt. Ferner ist dort auch der Brief von Pastor Harder,
Hemmingstedt, wiedergegeben, über den und dessen Echo die
Geschichte ausführlich berichtet. Der Wortlaut des Briefes ist in
diesen Band als Anhang aufgenommen.

Es ist nicht bekannt, wann Stange die Geschichte des Denkmals
erstellte und welche Unterlagen er zur Verfügung hatte. Die Art der
Darstellung lässt vermuten, dass er auf umfangreiches Material
zugreifen konnte. Ganz besonders die Anhänge der Fassung im
Dithmarscher Landesmuseum und die vielen Details innerhalb der
Geschichte legen das nahe. Möglicherweise hat er diese Unterlagen in
der Funktion eines Schriftführers des Ausschusses gesammelt, worauf
- bislang nicht belegte - Hinweise deuten.

Der historische Festzug zur Hemmingstedt-Feier
am 17. Februar 1900

unter diesem Titel erschien im Verlag Max Hansen in Meldorf ein kleines Heftchen im Postkartenformat mit 26 Aufnahmen verschiedener Photographen, das in Dithmarschen weit verbreitet war. Ein Exemplar findet sich im Archiv des VDL.

Die Aufnahmen veranschaulichen sehr schön die Beteiligung und die Begeisterung der Bevölkerung, wie sie sich am Einweihungstag ausdrückte.

Nicht zu vergessen ist auch die Faschingszeit, die vielfach die fantasievolle Ausschmückung des Umzuges beflügelte.
Sie ergänzen die Schilderungen Stanges ganz hervorragend.

Biographisches zu Johann Stange

(aus den Lebenserinnerungen seiner Frau)

Johann Stange wurde am 18. März 1859 in Nordhastedt geboren und starb am 7. Januar 1942 in Kiel.

Nach gutem Abschluss seiner Ausbildung an der Präparandenanstalt fand er 1885 seine erste Anstellung an der Schule Österborstel bei Tellingstedt, bereitete sich zwei Jahre auf das zweite Examen vor, das er mit Auszeichnung bestand und somit auch zum Unterricht an Mittelschulen berechtigt war. Es folgte eine Anstellung in Kiel. Um die materielle Basis zur Gründung einer eigenen Familie zu gewinnen, bewarb er sich auf eine besser dotierte Position in Ütersen an die dreiklassige Mädchenschule und konnte endlich seine Verlobte, Margarethe Thedens, heiraten. Neben der Arbeit an der Schule wirkte er auch an der Privatpräparandenanstalt eines Kollegen mit, die er nach dessen Versetzung nach Kiel mit 14 "Zöglingen" übernahm und bis auf 40 im Jahr 1892 ausbauen konnte, dem Zeitpunkt als er nach Meldorf zum Hauptlehrer für die erste, zunächst einklassige Mädchenschule berufen wurde. Die Familie wohnte zunächst im Schulhaus.

Die Schule wurde bald auf drei Klassen erweitert, und Stange wurde 1901 als Rektor bestallt.[1]

In den Osterferien 1904 zog die Familie nach Neumühlen-Dietrichsdorf bei Kiel, wo Stange eine Rektorenstelle an einer Mädchenschule antrat und 1924 pensioniert wurde.

---

[1] Kreisblatt Süderdithmarschen, Jg. 33, Nr. 32 (10.08.1901), S. 168

Der Marktplatz zu Meldorf, während der Aufstellung des Festzuges.

Photogr. v. C. Kuskop, Wilster.

Geschichte
des Denkmals auf der
Dusenddüwelswarf

Dem Volke heil, das seine Väter ehrt,
das dankbar sich erinnert, was geschehen
was es ererbt an geistigem Besitz,
und Gott die Ehre gibt, wie sich's gebührt.

Dem Volke heil, das seine Väter ehrt
und für die Zukunft tapfer weiterkämpft,
zu halten, was wir haben, fest und treu
den freien Boden und den freien Glauben
dann bleiben wir ein wahrhaft frei Geschlecht.
Aye, Eutin

Der Gedanke, das Andenken an die
glorreiche Schlacht bei Hemmingstedt auch
durch ein sichtbares Denkmal festzuhalten,
ist, soweit sich nachweisen lässt, zuerst
beim Herannahen des 350. Gedenktages

der

der Schlacht entsprungen. Der Plan wurde
auf einem Erntefest mit politischem Hinter-
grund in Meldorf im Jahre 1847 in Anregung gebracht. Es wurde schon ein Komitee gebildet, das die Vorbereitungen
für die Ausführung des Planes treffen
sollte. Doch die politischen Ereignisse der
folgenden Jahre verhinderten die Ausführung. Der 1848 beginnende Kampf um
die Befreiung der Herzogtümer von Dänemark nahm das Interesse so ganz ge-
fangen, daß der Denkmalsplan bald in
Vergessenheit geriet. Die Jahre nach der
Niederwerfung der Herzogtümer waren dem Plan auch nicht günstig. Man
verschob ihn auf bessere Zeiten.

Aber der Gedanke war nicht tot, er war nur ein-
geschlafen, und es wurde, wenn auch
vielleicht nur von einigen wenigen
Patrioten

Patrioten, die leise Hoffnung gehegt,
daß er in günstigeren Zeiten wieder erwachen werde. Was anderes als
diese Hoffnung führte dazu, daß <u>1853</u>
auf das Grundstück, auf dem die Dusenddüwelswarf gelegen ist, folgende Belastung eingetragen wurde:
"Dauernde Lasten und Einschrän-
kung des Eigentums auf No. 17:
Verpflichtung, dem Detlef Horstmann
in Heide und Kurt Ihfe's Erben in
Meldorf gegenüber, diese Parzel-
le, falls dieselbe von einzelnen oder
mehreren in Gesellschaft oder gar von
allen Einwohnern in Dithmarschen
erworben werden möchte, um darauf durch Errichtung eines Monu-
mentes die Tapferkeit ihrer Vorfahren zu ehren, gegen die frühere
Kaufsumme von 1220 Courant
(=1464 M) und gegen eine Entschädigungssumme von 300 Courant

(=360 M)

(= 360 M) ohne weiteres wieder ab-
zutreten, und zwar, falls das Grundstück dann mit Korn besäet sein sollte,
nach beschaffter Ernte auf Grund des
Kaufkontraktes vom 6. März 1853."

Die Hoffnung, die zu dieser Eintra-
gung geführt hatte, ward lebendig, als
mit der Lostrennung der Herzogtümer
zu Dänemark und der Aufrichtung des
deutschen Reiches günstigere Zeiten an-
gebrochen waren. Was man zur 350.
Wiederkehr des Schlachttages nicht hatte
ins Werk setzen können, das will man
nun zur 400. zur Verwirklichung brin-
gen. Dem Vorstand des Meldorfer
Museums kommt das Verdienst zu, die
Denkmalssache von neuem aufgenommen zu haben. Schon in den 80er Jahren
ward in den Vorstandssitzungen angeregt, an der Stätte der Schlacht bei Hemmingstedt ein Denkmal zu errichten.
Daneben ward noch der Plan erwogen,
auch andere in der Geschichte Dithmarschens
wichtigen

wichtigen Örter, wie die Marienburg,
Wöhrden, die Hammen durch Denksteine
zu schmücken, Pläne, die dann freilich
vor dem Hauptplan der Denkmalserrichtung zum Andenken an die größte Sie-
gestat der Dithmarscher zurückgetre-
ten sind. Damit wär der Stein ins Rol-
len gekommen. Bald wurde auch an
anderen Orten die Angelegenheit er-
örtert. Um 1890 kam die Sache im Kreistage Süderdithmarschens zur Sprache.
Anfang der 90er Jahre forderte der
Dichter Adolf Bartels in einem Gedicht
„Traum eines Dithmarschers" in be-
geisternden Worten zur Errichtung
eines Denkmals auf. Anfang 1894
wurde die Denkmalssache auch im
Sängerklub in Wesselburen angeregt
und eine Eingabe an den Kreistag
von Norder-Dithmarschen gemacht,
Schritte zur Errichtung eines Denkmals
zur Ehrung der Großtaten unserer
Vorfahren zu unternehmen. Es fand

daher

Junker Slenz mit der schwarzen Garde.

Photogr. v. J. Thiele. Hamburg

daher einen wohl vorbereiteten Boden,
als Lehrer Johannes Goos, damals Mit-
glied des Museumsvorstandes in Meldorf, später Museumsdirektor, zum
17. Juni 1894 einige einflussreiche
Persönlichkeiten Norder- und Süder-
Dithmarschens, von denen man erwar-
ten konnte, daß sie der Denkmalserrichtung Interesse entgegenbrachten, zu
einer vertraulichen Vorbesprechung
über den Denkmalsplan nach Jaspers
Hotel in Heide berief. Erschienen waren
zu dieser Versammlung außer dem
Einberufer Lehrer Goos ,
Amtsgerichtsrat Wienke aus Wesselburen,
Hauptlehrer Holtmeier aus Epenwöhrden,
Photograph Claußen aus Meldorf.
Die Herren Amtsvorsteher O. Lindemann, Westerwohld und Hofbesitzer Wilkens, Dehling, die auch eine Einladung erhalten
hatten, waren am Erscheinen verhindert.
Nachdem der Einberufer die Erschienenen
auf den Zweck der Zusammenkunft hingewiesen hatte, erklärten sich die Anwe-

senden

senden bereit, zu einem Komitee
zwecks Förderung der Denkmalssache
zusammenzutreten. Zugleich ward
beschlossen, eine Anzahl angesehener Män-
ner aus beiden Teilen Dithmarschens
zum Eintritt ins Komitee aufzufordern.
Der Plan ward dann, um die Sache auf
eine möglichst breite, sichere Grundlage
zu stellen, Ende <u>März 1895</u> dahin erweitert, daß die Mitglieder beider Kreistage durch Vermittlung der Landräte
gebeten wurden, zu einem Gesamtkomitee zusammenzutreten. Ergänzt
wurde es durch Beschluß des so gebildeten
Gesamtkomitees in einer
<u>Sitzung am 27.10.1895</u>
durch Hinzunahme einiger Persönlichkeiten, die starkes Interesse an dem
Zustandekommen eines Denkmals be-
kundet hatten. Es waren die Herren
Buchdruckereibesitzer <u>Groth</u>, Wesselburen,
Justizrat <u>Hedde</u>, Marne,
Hofbesitzer <u>Guth</u>, Lundener Koog,
Pastor <u>Harder</u>, Hemmingstedt,
Hofbesitzer Joh. Fr. <u>Peters</u>, Hedewigenkoog
Hofbesitzer J. <u>Meyer</u>, Thödienwisch
Hauptlehrer J. <u>Stange</u>, Meldorf.

Später

Später – 18.4.1896 – traten auf Beschluß
noch hinzu
Amtsgerichtsrat Dührsen, Mölln, und
Rechtsanwalt Hedde, Segeberg,
die in Zuschriften an Komiteemitglie-
der den Denkmalsplan freudig begrüßt
hatten. Weiter trat der Heimatdichter
Klaus Groth bei, der die ihm auf Vorschlag des Ausschusses vom Gesamtkomitee in der Sitzung am 21.1.1897 ange-
botene Ehrenmitgliedschaft annahm,
und endlich wurde – Beschluß des Gesamtkomitees am 21.12.1898 – noch
Architekt Voigt, Kiel, der den Denkmals-
entwurf angefertigt hatte, aufgenommen.
Nachdem die vorbereitenden Schritte
getan waren, trat das
Gesamtkomitee am 14. Dez. 1895
in Heide zu einer ersten Sitzung zusammen. Zu derselben waren 18 Mitglieder erschienen, nämlich die Herren
1.   Lehrer Goos, Meldorf,
2.   Landrat Behnke, Heide,
                         3. Pastor

Die „schwarze Garde."

Photogr. v. J. Thiele, Hamburg.

 3. Pastor <u>Harder</u>, Hemmingstedt,
 4. Photograph <u>Claußen</u>, Meldorf,
 5. Hofbesitzer <u>Maaßen</u>, Gudendorf,
 6. Amtsvorsteher <u>Lindemann</u>, Westerwohld,
 7. Hofbesitzer <u>Claußen</u>, Kronprinzenkoog,
 8. Amtsvorsteher <u>Urbans</u>, Lohe,
 9. Buchdruckereibesitzer <u>Groth</u>, Wesselburen,
10. Rentner Hermann <u>Kahlke</u>, Heide,
11. Hofbesitzer <u>Peters</u>, Hedewigenkoog,
12. Amtsvorsteher <u>Meyer</u>, Großbüttel,
13. Bürgermeister <u>Plambeck</u>, Marne,
14. Justizrat <u>Hedde</u>, Marne,
15. Hofbesitzer <u>Wilkens</u>, Dehling,
16. Hauptlehrer <u>Holtmeier</u>, Epenwöhrden,
17. Amtsvorsteher <u>Rohlfs</u>, Wennemannswisch,
18. Hauptlehrer <u>Stange</u>, Meldorf.

Der Plan, die heldenmütigen Vertei-
diger Dithmarschens vom Jahre 1500
durch ein Denkmal zu ehren, fand ein-
mütige, begeisterte Zustimmung. Eine
eingehende Erörterung über einige
allgemeine, für die Denkmalserrichtung
wichtige

wichtige Punkte schloß sich an. Es han-
delte sich um die Fragen

1. Wo soll das Denkmal stehen?
2. Welcher Ort soll es sein?
3. Wie sollen die Mittel aufgebracht
   werden?
4. Wann soll es errichtet werden?

Einmütigkeit herrschte darüber, daß
der 400. Jahrestag der Schlacht, der
17. Febr. 1900, für die Errichtung des
Denkmals bestimmt werde, wenn auch
der Winter nicht gerade die günstig-
ste Jahreszeit sei. Auch wünschte man
einmütig, die erforderlichen Mittel
durch eine Landesbede aufzubringen.
Man gab sich der Hoffnung hin, daß
bei dem patriotischen Sinn der Bevölkerung diese Quelle reichlich fließen
werde. Nicht volle Übereinstimmung herrschte über die ersten beiden Punkte.
Es ward darum ein aus 12 Mitgliedern
bestehender Ausschuß gewählt, dessen Aufgabe es sein sollte, den Plan der Denkmals-
errichtung

errichtung allseitig zu fördern und dem
Gesamtkomitee bestimmte Vorschläge zur
endgültigen Beschlußfassung vorzulegen.
Die Landräte sollen Ehrenvorsitzende dieses Ausschusses sein, und die übrigen
10 Mitglieder zur Hälfte dem Kreise
Norderdithmarschen, zur Hälfte Süderdithmarschen angehören. Der Vorsitzende des Gesamtkomitees soll den Vorsitz
auch im Ausschuß führen. Es wurden
gewählt aus

<u>Norderdithmarschen</u> die Herren:
1. Landtagsabgeordneter H. <u>Kahlke</u>, Heide,
2. Hofbesitzer Johann <u>Kahlke</u>, Friedrichsgabekoog
3. Hofbesitzer Aug. <u>Thomsen</u>, St. Annen-Österfeld
4. Amtsvorsteher <u>Vester</u>, Hemmingstedt, [*]
5. Amtsvorsteher <u>Rohlfs</u>, Wennemannswisch, aus
<u>Süderdithmarschen</u> die Herren
1. Bürgermeister <u>Plambeck</u>, Marne
2. Pastor <u>Harder</u>, Hemmingstedt
3. Amtsvorsteher <u>Lindemann</u>, Westerwohld
4. Lehrer <u>Goos</u>, Meldorf
5. Hauptlehrer <u>Stange</u>, Meldorf

An

[*] *richtig wäre: Hennstedt*

König Johann, Marschall von Ahlefeld, dänische u. holsteinische Ritter.

Photogr. v. J. Thiele. Hamburg.

An Stelle des Hofbesitzers Thomsen, St.
Annen-Österfeld, der die Wahl ablehn-
te, trat Amtsvorsteher <u>Dethlefs</u>, Tellingstedt in den Ausschuß ein.
Der Ausschuß nahm dann unverzüglich
seine Arbeiten auf. In einer Reihe von
<u>Sitzungen</u> –
am 18.4.1896 in Heide (7 Mitglieder)
am 1.7.1896 in Meldorf (7 Mitglieder)
am 12.8.1896 in Hemmingstedt (7 Mitglieder)
am 11.11.1896 in Heide (8 Mitglieder)
am 21.1.1897 in Meldorf (6 Mitglieder) –
ward über alle in Betracht kommenden
Punkte verhandelt. Viel zu schaffen machte <u>die Platzfrage</u>. Zwei Meinungen
traten von Anfang an einander scharf
gegenüber. Herr Pastor Harder, Hemmingstedt, setzte sich mit großer Ener-
gie dafür ein, daß das Denkmal in
Hemmingstedt errichtet werde. Nach diesem Orte werde die Schlacht genannt, sie habe
auch in der Nähe desselben stattgefunden. Außerdem müsse der Platz so gewählt werden, daß das Denkmal von

möglichst

möglichst vielen gesehen werde. Das
sei nicht der Fall, wenn es auf dem
Schlachtfelde selbst errichtet werde. Ein
Zweck des Denkmals sei doch der, daß
die Großtaten, an die es erinnert, den
kommenden Geschlechtern zur Nacheife-
rung dienen sollen, und der Zweck
werde doch nur erreicht, wenn man
einen Platz wähle, der leicht zugäng-
lich sei. Durch Hemmingstedt führe eine
Chaussee, eine noch immer ziemlich ver-
kehrsreiche Landstraße. Darum müsse
das Denkmal hier stehen und nicht auf
dem abseits liegenden Schlachtfelde.
Zudem sei es nicht mit absoluter Gewiss-
heit festgestellt, an welcher Stelle die
Schanzen, wo die Gegenpartei das
Denkmal errichtet haben wolle, gelegen hätten. Nach seiner Meinung hätten
sie nicht auf der Dusenddüwelswarf
sondern weiter nördlich, näher bei
Hemmingstedt, an der Sandinsel im
nördlichen Drittel des Swienmoors, gelegen.

legen. Dafür könne nur Hemmingstedt
in Frage kommen.
Die Mehrzahl der Ausschußmitglie-
der stellte sich aber auf den Standpunkt,
es müsse zunächst von dem Gesichtspunkt
ausgegangen werden, daß das Denkmal zu Ehren der gefallenen Helden
errichtet werden solle und daher dort
seinen Platz haben müsse, wo sie gekämpft
hätten. Darum käme Hemmingstedt nicht
in Betracht, denn dahin sei kein Feind gekommen. Der Umstand, daß die Schlacht
nach Hemmingstedt genannt werde, sei ne-
bensächlicher (untergeordneter) Natur
und könne nicht entscheidend sein. Gewiß
soll das Denkmal auch gesehen werden
und den Zweck haben, den Beschauer zu
erinnern an die Freiheitsliebe, Tatkraft
und Aufopferungsfähigkeit der Vorfahren, und den Geist, dem es seine Ent-
stehung verdankt, in dem Beschauer lebendig machen. Dazu ist aber keine
Stätte geeigneter als der Ort, wo

der

der Beschauer sich sagen kann:
„Hier wars, wo unsere Väter fochten
für Freiheit und fürs Vaterland."
Im übrigen könne es, wenn es auf der
Dusenddüwelswarf seinen Platz hätte,
von der Chaussee, von der es nur weni-
ge Minuten entfernt sei, gut gesehen
werden. Wenn es aber auf dem Schlachtfelde stehen soll, dann sei die Dusenddüwelswarf der gegebene Ort. Gründe:
Hierhin verlegt der Geschichtsschreiber
Neokorus die Schanze, wenn er schreibt:
    „De Ort, awers in deme de Dithmarschen
    so wunderbare un herrliche Viktoria
    von Gott erlanget, liggt twischen Mel-
    dorp un Hemmingstede, dar ungefehr
    nach itziger Tidt Hüser stahn, un wert
    desülvige wo von Oldinges her ok
    vor dieser Viktoria Dusenddüwels-
    warf genömet." Neokorus gilt all-
gemein als ein vorsichtiger, zuverlässiger
Geschichtsschreiber, der etwa um 1600 seine
Geschichte schrieb, als die Erinnerung an die
Schlacht und die Lage der Schanze noch frisch war.

Als

Als gebürtiger Wöhrdener (1550) und
späterer Prediger in Büsum kennt er
die Gegend, sodaß seine Ortsbestimmung
den Anspruch erheben kann, zuverlässig zu
sein. Ein anderer zeitgenössischer Schrift-
steller, Cilicius Cimber, in dem man den
durch seine Gelehrsamkeit berühmten
Heinrich Rantzau, den Sohn des Feldherren
Johann Rantzau, der 1559 Dithmarschen
unterwarf, sieht, sagt:
„Der Wahlplatz (der Schlacht bei Hemmingstedt) lag zwischen Meldorf und Hemmingstedt und führt den bedeutungs-
vollen Namen Dusenddüwelswarf."
Die späteren Chronisten bis in die jüngste
Vergangenheit, genannt seien nur Bolten,
Vieth, Kolster, Nehlsen, Ad. Bartels, folgen
Neokorus, und auf ihn stützt sich die dithmar-
sische Überlieferung, die die Dusenddüwelswarf wie vor reichlich 100 Jahren, als
der Landvogt [*] Lempfert – am 12. Juli 1799 –
auf diesem historischen Boden den späteren
König Friedrich VI. begrüßte, so noch jetzt
als den Ort festhält, wo die Schanze gestan-
den hat.

[*] *richtig: Kirchspielsvogt, s.S.81,*
Landvogt war H.C. Boie

Holsteinische u. dänische Ritter.

Photogr. v. J Thiele, Hamburg

den hat. Die Chronisten Hansen und Wolf
waren die ersten, die in ihrer 1833
erschienenen Chronik von Dithmarschen
die Ansicht aufstellten, die Schanze hätte
im Schwienmoor gelegen. Mit dem be-
stimmten Zeugnis des Neokorus fanden
sie sich dadurch ab, daß sie erklärten,
Dusenddüwelswarf sei ursprünglich
der Name für das Schwienmoor gewesen, eine Annahme, für die sich kein Beweis erbringen läßt. Vielmehr muß
man in einer Stelle des Neokorus einen
Beweis gegen diese Annahme erblicken.
Indem er den Verlauf, der <u>1562</u> zwischen
dem nördlichen und dem mittleren Teil
Dithmarschens festgesetzten Grenze beschreibt
sagt er u.a., daß sie zwischen Apelerwurt
und Epenwördener <u>Schwienmoor</u> hin-
durchgehe, und nicht zwischen Apelerwurt
und Dusenddüwelswarf. Der Name
Schwienmoor existierte also bereits zu
Neokorus Zeit. Auch kann man unmög-
lich annehmen, daß man eine Niederung
Warf oder Wurt nennt. So wird die

Dusend...

Dusenddüwelswarf ausdrücklich als
Wurt bezeichnet in Westphalens monu-
menta inedita Band I S. 1660, wenn es
dort heißt:
„Die Walstatt, wo so viel Blut vergossen
ist, liegt zwischen Meldorf und Hemmingstedt und hat wegen dieser grausa-
men Geschichte Teufelswerk oder -wurt
geheißen."
Ebenso unwahrscheinlich ist es, daß ein
so bezeichnender Name wie Dusenddüwelswarf abwandern und auf einen
andern Ort übertragen werden sollte.
Die Mehrheit des Ausschusses entschied sich
darum, nachdem inzwischen auch noch
eine Ortsbesichtigung stattgefunden
hatte – am 12.8.1896 – für die Dusenddüwelswarf als Denkmalsplatz.
Indem man das Denkmal hier errichte-
te, trage man einerseits dem Volks-
bewußtsein Rechnung, das die Schanze nach der Dusenddüwelswarf ver-
lege, und gehe andererseits sicher, daß
das Denkmal jedenfalls, wenn es

hier

hier auf dieser Warf errichtet
werde, auf dem Schlachtfeld zu stehen
komme. Daß die Dusenddüwelswarf
schon vor einem halben Jahrhundert
als Denkmalsplatz ausersehen war,
geht auch aus der oben – Seite 3 –
erwähnten Belastung des Grundstücks
hervor. In der Sitzung des Ausschusses in Hemmingstedt am 12.8.1896
wurde dann mit 5 gegen 2 Stimmen
beschlossen, dem Gesamtkomitee vorgeschlagen, das Denkmal auf der Dusenddüwelswarf zu errichten. Für die
Dusenddüwelswarf stimmten

1. der Vorsitzende Goos,
2. Hofbesitzer Johann Kahlke,
3. Amtsvorsteher Vester, Hennstedt,
4. Rentner H. Kahlke, Heide, und
5. Hauptlehrer Stange.

für Hemmingstedt stimmten

1. Pastor Harder, Hemmingstedt
2. Landrat Jürgensen, Meldorf.

Mit

Holsteinische u. dänische Ritter.

Mit dieser Entscheidung befand sich der
Ausschuß in Übereinstimmung mit der
überwiegenden Mehrheit der Bevölkerung
Dithmarschens. Die Dithmarscher Zeitung
gab der Stimmung Ausdruck, indem sie
damals – (No.   vom   18) – schrieb:
„Was den Platz für das Denkmal betrifft,
so spricht sich die öffentliche Meinung entschieden für die Errichtung auf der
Dusenddüwelswarf bei Epenwörden
aus, da dieser Ort von der Tradition
allgemein als der Kampfplatz, wo unsere tapferen Vorfahren am 17.2.1500
gegen die vereinte dänische und holsteinische Heeresmacht siegreich kämpften,
bezeichnet wird und daher dann auch die
meisten Dithmarscher das Denkmal
dort errichtet sähen!"

Das Gesamtkomitee entschied sich
dann auch in der <u>Sitzung</u> am
<u>21. Jan. 1897 in Heide</u>
im Sinne des Ausschusses und beschloß
mit 12 gegen 6 Stimmen, die für

Hemmingstedt

Hemmingstedt waren, das Denkmal
auf der Dusenddüwelswarf zu errichten. <u>Für die Dusenddüwelswarf</u> stimmten
1. der Vorsitzende Goos,
2. Bürgermeister Plambeck, Marne,
3. Amtsvorsteher Rohlfs, Wennemannswisch,
4. Amtsvorsteher Möhring, Busenwurth
5. Vollmacht Wilkens, Meldorf
6. Amtsvorsteher v. Horsten, Barsfleth,
7. Hofbesitzer Wilkens, Dehling
8. Justizrat Hedde, Marne
9. Bürgermeister Forkel, Heide
10. Hofbesitzer Maaßen, Gudendorf,
11. Hofbesitzer Pfahler, Karolinenkoog
12. Hauptlehrer Stange, Meldorf,

(9 aus S-D., 3 aus N.-D)

<u>für Hemmingstedt</u> stimmten
1. Landrat Behnke, Heide
2. Landrat Jürgensen, Meldorf
3. Pastor Harder, Hemmingstedt
4. Hofbesitzer Johann Kahlke, Friedrichsgabekoog
5. Hofbesitzer Urbans, Lohe
6. Hofbesitzer Kohlsaat, Friedrichskoog.

(3 aus S.-D., 3 aus N.-D.)

Mit

Mit dieser Abstimmung hätte die Platzfrage erledigt sein müssen. Aber der
Vertreter der Minderheit, Herr Pastor
Harder, wollte sich mit dem Resultat
nicht beruhigen. In den Itzehoer Nachrichten und in längeren Artikeln
in mehreren Nummern der Heider Zeitung *
versuchte er, gegen diesen Beschluß Stimmung zu machen. Er bezweifelte, daß
durch die Abstimmung vom 21.1.1897 die
wahre Meinung der Mehrheit der Be-
wohner Dithmarschens zum Ausdruck
komme, da von 76 Mitgliedern des Ge-
samtausschusses nur 18 in der entschei-
denden Sitzung anwesend gewesen wä-
ren, die Abstimmung also kein klares
Bild von der Volksmeinung geben könne.
Dann legt er in den Artikeln die von
ihm in den Sitzungen angeführten Gründe
ausführlich dar, die nach seiner Ansicht für
die Errichtung des Denkmals in Hemmingstedt

sprächen.

* Nr. 12 vom 28.1.1897,   Nr. 15 vom 4.2.1897,
  Nr. 13 vom 30.1.1897,   Nr. 16 vom 6.2.1897.
  Nr. 14 vom 2.2.1897,

sprächen. Besonders verbreitet er sich
ausführlich darüber, warum die Schanze nicht auf der Dusenddüwelswarf
gelegen haben könnte, sondern im
Schwienmoor gesucht werden mußte.
Zum Schluß meint er, es sei schon jetzt wahr-
scheinlich, daß das Kirchspiel Hemmingstedt
allein ein Denkmal errichten werde,
und es stehe zu hoffen, daß für diesen
Zweck auch aus anderen Ortschaften
Beiträge eingehen werden. Dieses
Vorgehen des Herrn P. Harder fand
in der nächsten Ausschußsitzung am
3. März 1897 die schärfste Verurteilung,
besonders von Herrn Landrat Jürgensen
und Justizrat Hedde, Marne. Gefragt,
welchen Zweck er mit seinem Vorgehen
verfolge, wenn er öffentlich gegen
einmal gefasste Majoritätsentschlüsse
auftrete, erklärte er, daß er eine erneute Abstimmung des Gesamtkomitees
bezwecke, da die letzte Abstimmung nach
seiner Ansicht kein richtiges Bild der Volks-
stimmung hätte geben können. Um diesen

seinen

seinen Plan durchzusetzen, hatte er sich
außerdem an mehrere einflussreiche Persönlichkeiten * gewandt, damit
sie in seinem Sinn auf den Ausschuß ein-
wirken möchten. Da der Ausschuß sich
entschieden gegen eine erneute Abstimmung aussprach, verzichtete P. Harder
darauf, einen dahingehenden Antrag
zu stellen. Dagegen nahm er einen
von Bürgermeister Plambeck im Laufe
der Verhandlung geäußerten Wunsch
auf, indem er den Antrag stellte, daß
der in der Platzfrage gefaßte Beschluß
den beiden Kreistagen zur Entscheidung
vorgelegt werde. Herr Landrat Jürgensen unterstützte den Antrag mit der
Modifikation, daß die beiden Landräte den Gesamtausschuß bäten, die Entscheidung in der Platzfrage im Interesse
der Einigkeit den beiden Kreistagen als
Schiedsgericht vorzulegen. Der Ausschuß
stimmte dem so modifizierten Antrag zu.

[Die]

_____

* Vollmacht Kriegesmann, Marne
  Propst Paulsen, Dockenhuden

Holsteinische u. dänische Ritter.

Photogr. v. H. Dethmann, Meldorf.

Die Mitglieder desselben verpflichten sich, bis zur
Tagung der Kreistage in keiner Weise, weder
mündlich noch schriftlich, agitatorisch vorzugehen.
Herr P. Harder erklärte, daß er sich dem aus der
Abstimmung beider Kreistage ergebenden
einfachen Majoritätsbeschluß, der bei etwai-
ger Stimmengleichheit durch das Los herbei-
geführt werden soll, fügen wolle, die Entscheidung als eine endgültige ansehen und
falls die Entscheidung gegen Hemmingstedt
ausfallen sollte, seine Tätigkeit für Errichtung eines 2. Denkmals in Hemmingstedt
aufgeben werde.

Die Herren Landräte reichten daraufhin
folgenden Antrag dem Gesamtkomitee ein:
„Meldorf und Heide, d. 3. März 1897
Das Komitee für das Landesdenkmal
hat am 21. Jan. d. Js. beschlossen, zur Ehrung
der Heldentaten unserer Vorfahren
in der Schlacht bei Hemmingstedt im Jahre
1500 ein Denkmal auf dem Dusenddüwelswarf zu errichten.
Gegen diesen Beschluß, dessen Legalität
nicht bezweifelt werden soll, hat sich in
einem Teile der Bevölkerung eine Bewegung geltend gemacht, welche darauf
hinzielt,

hinzielt, das Denkmal nicht auf dem
Dusenddüwelswarf, sondern in oder bei
dem Kirchort Hemmingstedt zu errichten.
Da zu befürchten steht, daß diese Bewegung größere Dimensionen annimmt
und dadurch die dringend wünschenswerte
Einigkeit in dieser patriotischen Sache ge-
stört wird, solches aber unter allen Um-
ständen vermieden werden muß, gestatten
wir uns in unserer Eigenschaft als un-
parteiische Vorstände beider Dithmarscher
Landesvertretungen (Kreistage), einer
Anregung des Herrn Bürgermeisters
Kirchspielsvogts Plambeck in Marne
folgend, an das verehrliche Komitee
den Vorschlag und die ergebenste Bitte
zu richten, im Interesse unserer dithmarsischen Denkmalssache von der Durchführung des Beschlusses vom 21. Febr.*
d. Js. abzusehen und den beiden Vertretun-
gen des Landes die Frage, wo das
Denkmal stehen soll, auf dem Dusenddüwelswarf oder in Hemmingstedt, zur

Entscheidung

* 21. Jan. d. Js.

Entscheidung als Schiedsinstanz vorzulegen. Voraussetzung dafür ist selbst-
redend, daß der Beschluß der beiden Kreistage als endgültige Entscheidung in
dieser Frage zu gelten hat und unbedingt
zur Durchführung gelangt.
Die Landräte der beiden Kreise
Dithmarschen.
gez. Jürgensen   gez. Behnke."

In der nächsten Sitzung des Gesamtkomitees am 11. März 1897 ward über
den inzwischen eingegangenen Antrag
der beiden Landräte verhandelt.
Im Verlauf der eingehenden Aussprache
fragte Bürgermeister Forkel, Heide,
ob noch genügender Anlaß vorliege
ein Schiedsgericht in der Platzfrage an-
zurufen, nachdem Amtsvorsteher Urbans
erklärt hatte, daß das Kirchspiel Hemmingstedt sich dem Majoritätsbeschluß fügen
werde, sieht aber von einem Antrag
zu Gunsten des Herrn P. Harder ab, der eine Entscheidung durch das Schiedsgericht
wünscht

wünscht. Die Abstimmung ergibt
14 Stimmen für die endgültige Entscheidung durch die Kreistage,
6 Stimmen gegen das Schiedsgericht.
Bereits in der Ausschusssitzung am
22. Mai 1897 konnte der Vorsitzende
das Resultat der Abstimmung bekannt
geben. Sie hatte stattgefunden im
Kreistag für N.-Dithm. vom 24. März 1897,
Kreistag für S.-Dithm. am 27. März 1897
und ergaben
in N.-Dithm. für die Dw 19, für H. 4 Stimmen,
in S.-Dithm. für die Dw 19, für H. 8 Stimmen,
im ganzen also 38 Stimmen für die Dw.,
                    12   "   "   Hemmingstedt.
Damit war endgültig die Dusenddüwels-
warf als Denkmalsplatz bestimmt.
In derselben Sitzung verlas der Vorsitzende ein Schreiben des Herrn P. Harder, in dem derselbe seinen Austritt
aus dem Denkmalskomitee erklärte.
Damit war der Brand gelöscht; doch
schwelte das Feuer in einem Nebenherd weiter.

Die

Die Hemmingstedter konnten sich noch
nicht mit der Tatsache abfinden, daß
das Denkmal nicht nach ihrem Kirch-
dorf käme. Der Kampfgenossenver-
ein von Hemmingstedt und Umgegend
war es, der nun selbständig vorgehen
wollte. In seiner Generalversamm-
lung am 16. Mai 1897 beschloß er nach
der Kieler Zeitung vom 19.5.1897
nun seinerseits den Plan zu verfolgen,
doch noch ein Denkmal in Hemmingstedt
zu errichten. Es wurde ein Komitee
gebildet, in das die Gemeindevorsteher
und Lehrer der zum Kirchspiel gehören-
den Dörfer sowie der Amtsvorsteher
Urbans in Lohe und der Kirchspielschreiber
Lüneburg in Hemmingstedt gewählt wurden.
Dem Komitee gehörten an

1. Kirchspielschreiber Lüneburg,
2. Gemeindevorsteher E. Voß   } Hemmingstedt
3. Lehrer Peters
4. Amtsvorsteher Urbans
5. Gemeindevorsteher Kruse   } Lohe
6. Lehrer Erdmann
7. Hofbesitzer Vester,   Rickelshof

[8.]

Photogr. v. H. Dethmann, Meldorf. 9

Telse, die Jungfrau von Oldenwöhrden.

8. Gemeindevorsteher Ebel

9. Lehrer J. Meinert $\left.\right\}$ Lieth

10. Gemeindevorsteher Lüneburg

11. Lehrer Bartels $\left.\right\}$ Braaken

Der Plan, den das Komitee durchführen sollte, ist dann doch nicht zur Ausführung gekommen. Immerhin ist es
zu bedauern, daß das Kirchspiel Hemmingstedt sich von der Landessache trennte. Die
Errichtung des Denkmals auf der Düsenddüwelswarf konnte dadurch ebensowe-
nig verhindert werden wie eine wür-
dige Landesfeier.

Nachdem endgültig die Düsenddüwelswarf als Denkmalsplatz bestimmt
war, konnte der Ausschuß mit dem Besitzer
des Grundstücks, auf dem die Düsenddüwelswarf liegt, Herrn Rühmann,
wegen Ankaufs in Verhandlung treten.
Von den 100 a, die das Grundstück umfasst,
sind für das Denkmal etwa 30 a erfor-
derlich. Dafür sind gemäß der auf dem
Grundstück, auf dem die Düsenddüwelswarf liegt, ruhenden Belastung zu zahlen

30 a=

30 a = 0,3 · 1464 M =   439,20 M
+ Entschädigungssumme <u>360,00 M</u>
        zusammen 799,20 M
in runder Summe   800,00 M
(siehe Seite 3). Für diese Summe will
Herr Rühmann den Denkmalsplatz
abtreten. Er wird Eigentum des Komitees in dem Augenblick, wo die 800 M
an Herrn Rühmann gezahlt wurden.
Sollte der für das Denkmal bestimmte Stein
vor Vollendung (Tätigung) des Ankaufs
am Düsenddüwelswarf ankommen,
so erklärt sich Herr Rühmann damit
einverstanden, daß derselbe auf seinem
Bestimmungsort niedergelegt werde.
Eine Entschädigung für Lagerung des
Steines beansprucht er nicht, auch nicht
für den Fall, daß derselbe bei Bewirt-
schaftung des Grundstücks hinderlich sein sollte.
Sollte der Erwerb zu einer Zeit erfolgen,
wo das Grundstück mit einer Frucht
bestanden ist, so wird der Wert der auf
demselben bestehenden Frucht Herrn

Rühmann

Rühmann vergütet. Die Höhe der
Vergütung sollen die Kirchspieltaxato-
ren bestimmen. Mit Rücksicht auf den
verhältnismäßig geringen Preis des
Grundstücks und mit Rücksicht auf den
Umstand, daß durch seinen Ankauf der
Acker, auf dem die Warf liegt, zer-
schnitten wird, geht der Ausschuß auf
Herrn Rühmanns Wunsch ein, die Um-
schreibungs- und Vermessungsgebühren
zu tragen, und will dem Gesamtkomitee, dessen Genehmigung diese Abma-
chungen bedürfen, einen dahin gehen-
den Vorschlag machen.

Das Gesamtkomitee stimmte in der
Sitzung am 21.12.1898 in Meldorf den
Vereinbarungen zu. Ergänzend wird
ein Antrag des Herrn Landrats Johann-
sen angenommen, zwar von dem Erwerb des ganzen Grundstücks, wie
von Herrn Pfahler vorgeschlagen, abzusehen, aber den Anspruch auf den
ganzen Komplex vorzubehalten.
Will Herr Rühmann auf diese Bedin-

gungen

gungen nicht eingehen – so wird dieser Beschluss in der folgenden Sitzung
des Gesamtkomitees in Heide am
9.9.1899 erweitert -, dann wird der
ganze Platz, ca. 1 ha, angekauft. Unter diesen Bedingungen trat dann
Herr Rühmann ein Stück von 32 a
mit der Dusenddüwelswarf ab. Es soll
auf den Namen der beiden Kreise
umgeschrieben werden, was geschehen ist.
In der Ausschusssitzung vom 20.12.1899
konnte der Vorsitzende mitteilen,
daß statt der vorgesehen 30 a
32 a angekauft seien und der Kontrakt mit Herrn Rühmann durch
Herrn Landrat Johannßen vollzogen
sei.

Gleichzeitig mit der Platzfrage war
auch von Anfang an in den Sitzungen
des Ausschusses sowohl wie in denen des
Gesamtkomitees über die
   Art des Denkmals
verhandelt worden. Die gleichzeitige
          Behandlung

Behandlung beider Punkte war erklär-
lich und notwendig, weil die Gestaltung
des Denkmals teils durch den Standort
bestimmt werden musste. Nun hatte der
Vorsitzende gleich in der 1. vorberaten-
den Sitzung am 17. Juni 1894 auf einen
großen erratischen Block hingewiesen,
der sich auf dem der Gemeinde Barlt
gehörigen Vierth südwestlich von
Gudendorf befindet. Er konnte dann
in der 2. Sitzung vom 27.10.1895 die
Mitteilung machen, daß die Gemeinde
Barlt bereit sei, den Stein für ein
Landesdenkmal herzugeben. Der Gedanke, einen großen Findling zum
Denkmal zu verwenden, fand in der
Versammlung des Gesamtkomitees
am 18. April 1896 günstige Aufnahme,
schien ein solcher großer Block doch am
besten geeignet zu sein, die gewal-
tige Kraft und Festigkeit zu symboli-
sieren, die die Dithmarscher in der

Verteidigung

Telse, die Jungfrau von Oldenwöhrden, Wulf Jsebrand u. Reimer von Wiemerstedt. Photogr v Th. Backens. Marne

Verteidigung ihrer Freiheit entfaltet
hatten und konnte dann das Denkmal
ganz aus heimischem Material herge-
stellt werden. Doch hielt man es für notwendig, daß vor einer Entscheidung eine Prüfung darüber vorgenommen
werden müsse, ob der Stein für ein Denkmal genügende Festigkeit besäße und
auch in dieser Hinsicht geeignet sei. Der Ausschuss nahm daraufhin am 12. Aug. 1896
eine Besichtigung des inzwischen frei-
gelegten Steines vor und kam zu dem
Ergebnis, dem Gesamtkomitee den
Findling vorzuschlagen, falls eine Prüfung auf seine Festigkeit, die Steinmetz Seidler in Heide demnächst vor-
nehmen solle, günstig ausfiele. Dessen
Gutachten ging dahin, daß der Stein
nach seiner Konsistenz sehr gut zu einem Denkmal geeignet sei. Mit dem
Gutachten unterbreitete er dem Gesamtkomitee zu seiner Sitzung am

11.11.1896

11. Nov. 1896 zugleich 3 Denkmalsentwür-
fe, nämlich
No. 1 Denkmal aus rotem schwedischen polierten Granit mit Untergrund
aus hellgrauem gestockten Granit,
ganze Höhe 4,30 m, Preis incl. Fundie-
rungsarbeiten frei an Ort und Stelle
3900 M,

No 2 Postament mit lebensgroßer
Bronzefigur der tapferen Telse, Unter-
bau aus grauem gestockten Granit,
Postament aus rotem schwedischen polierten Granit, Preis ohne Figur   3000 M,
dazu Figur in echter Bronze   2100 M,
in Galvanobronze   2700M,
ganze Höhe bis zum Scheitel der Figur 4,15 m
etwaige Embleme werden extra berechnet,

No. 3 a d. 3 b Denkmal, wozu der Stein
bei Gudendorf verwendet wird;
3 a zeigt die Vorderansicht; Postament
bildet der große Stein mit der auf Me-
tallplatte eingelassenen Inschrift:

Zur

„Zur Erinnerung an die 400jährige
Wiederkehr der Schlacht bei Hemming-
stedt im Februar 1500".
Auf dem Postament die fahnentragende
Figur der Telse, flankiert von 2 Ka-
nonen.

<u>3 b</u> gibt die Seitenansicht dieses
Denkmals. Die Transportkosten für
den nach seiner Schätzung 35 000 bis
40 000 kg schweren Stein über die 12,5
km lange Strecke bis an den Bestimmungsort berechnet er auf 15 000 M. –
Ein anderer Unternehmer hatte sich unter der Hand erboten, den Stein für
10 500 M an Ort und Stelle zu befördern.
In Anbetracht der genannten Kosten
für den Transport kann sich das Gesamtkomitee – in der Sitzung in Heide am
<u>11. Nov. 1896</u> - noch nicht endgültig für die
Verwendung des Steines entscheiden,
beschließt vielmehr, in mehreren Zeitungen eine Aufforderung zu erlassen,
um über die Kosten des Transportes

nach

nach der Dusenddüwelswarf oder nach
Hemmingstedt volle Klarheit zu er-
langen. In der Aufforderung soll
ausdrücklich bemerkt werden, daß
alle Nebenkosten und etwaigen Be-
schädigungen an Brücken, Straßen
vollständig von der Hand zu halten seien,
also völlig freier Transport des Steines
nach dem näher zu bezeichnenden Platz
einschließlich aller Nebenunkosten zu übernehmen ist. Auf das Ausschreiben in
den beiden Kreisblättern, den Itzehoer
Nachrichten und dem Hamburger Frem-
denblatt gingen 9 Anerbietungen ein,
die sich zwischen 5000 und 15 000 M be-
wegten. Es forderten

1. Zimmermeister Kruse, Brunsbüttel
   für den Transport n. Hemmingstedt   5000 M,
   für den Transport n. d. Dusendd.warf 6500 M,
2. Hinrich J. Peters, Marne   6000 M
3. Zimmerm. Hoop, Süderhastedt   6000 M
4. Alfred Husmann, Heide   7000 M
5. Alexander Grund, Altona   9000 M

6.

6. Klaus Haß, Meldorf   10000 M,
7. Doose, Brunsbüttel   12500 M,
8. Seidler, Heide   15000 M,
9. H. Hebbel, Meldorf   15000 M

Da die Beförderung des Steines sich
also wesentlich billiger bewerkstelligen
lässt, als Steinmetz Seidler zu der letzten
Sitzung angegeben hatte, so beschließt
das Gesamtkomitee in der Sitzung
am 21. Jan. 1897 in Heide einstimmig,
den Stein als Denkmal zu verwenden
und den Transport dem Unternehmer
Gastwirt Hinrich Johann Peters in Marne
zu übertragen. Unverzüglich wurden
nun die Verhandlungen mit Herrn
Peters über die Ausführung des Transportes aufgenommen. Zwischen ihm
und dem Vorsitzenden des Komitees
ward folgender von Herrn Justizrat Hedde in Marne entworfener Kontrakt, der die Billigung des Ausschusses
in der Sitzung am 11.3.1897 fand, abgeschlossen:
Zwischen

Marcus Swyn u. Dithmarscher Bauern.

Photogr. v. J. Thiele, Hamburg.

„Zwischen dem endesunterzeichneten
Lehrer Goos in Meldorf, welchem von der
Kommission zur Errichtung eines Denkmals
zur Erinnerung an die Schlacht bei Hemmingstedt die Herbeischaffung eines zu Gudendorf liegenden großen Findlingsblockes
nach der Stelle der alten Dithmarscher
Schanze Dusenddüwelswarf übertragen
ist, und dem mitunterschriebenen Gastwirt
Hinrich Johann Peters in Marne ist nachste-
hender Vertrag beredet, geschlossen und
hierin vollzogen worden:

§ 1

Der Gastwirt Hinrich Johann Peters in
Marne verpflichtet sich, den auf dem Grund-
besitz der Gemeinde Barlt bei der Dorf-
schaft Gudendorf in Dithmarschen befind-
lichen großen Stein, welcher ihm bekannt
ist, von seinem jetzigen Lagerplatz nach einer
ihm genau vom Kontrahenten
Goos zu bezeichnenden Stelle des Dusend-
düwelswarfs bei der Ortschaft Dehling
im Kirchspiel Nordermeldorf- Marsch
zu transportieren.
                                                Dieser

Dieser Transport ist auszuführen
bis zum <u>1. Juli 1898</u> gegen eine Vergütung von 6000 M, schreibe „sechstausend Reichsmark", welche sich Kontrahent
Goos innerhalb eines Vierteljahres
nach Beendigung des Transportes, aber
nicht vor dem 1. April 1898, zu zahlen
verpflichtet.

<u>§ 2</u>

Kontrahent Peters übernimmt es, den
Stein so sorgfältig zu überführen, daß
derselbe auf dem Transport keinen
wesentlichen Schaden erleidet.
Kontrahent Goos liegt es ob, dem Kontrahenten Peters die Abfuhr des Steines
vom Barlter Vierth bis an die neue
Chaussee, ferner vom Gebiet der Stadt
Meldorf an bis zur Dusenddüwelswarf von den beikommenden Polizei-,
Wege-, Gemeinde- und sonstigen Behörden oder Privaten die etwa er-
forderliche Erlaubnis zur Benutzung
der Wege, Brücken, Ländereien
und dergleichen auf Kosten und Gefahr

des

des Kontrahenten Peters zu verschaf-
fen, wogegen Kontrahent Peters sich
verpflichtet, alle Kosten des Transportes
zu tragen, etwaig geforderte Kau-
tionen zu hinterlegen und dem Kontrahenten Goos alle etwaigen Schaden-
ansprüche, welcher Art dieselben sein
mögen, von der Hand zu halten, sodaß
dem Kontrahenten Goos aus dem Transport des Steines keinerlei Kosten er-
wachsen. Kontrahent Goos stellt den frag-
lichen Stein zum Transport kostenlos zu der
vom Kontrahenten Peters gewünschten Zeit
innerhalb des Zeitraumes vom 1. Juli 1897
bis 1. Juli 1898 demselben zur Verfügung.

<u>§ 3</u>

Für den Fall, daß Kontrahent Peters
den vertragsmäßigen Transport
innerhalb der gesetzten Frist nicht aus-
führt, oder der Stein auf dem Transport in erheblicher Weise beschädigt
wird, verpflichtet derselbe sich, dem Kontrahenten Goos eine Konventionalstrafe
von 6000 M, schreibe „sechstausend Reichsmark" zu zahlen.

§4

§ 4

Zur Sicherheit des Kontrahenten Peters
für die Berichtigung der 6000 M übernehmen die Mitglieder des Gesamtkomitees je bis zu einem Betrage von
100 M die Rückbürgschaft, und zur
Sicherheit des Kontrahenten Goos für
alle dem Kontrahenten Peters aus diesem Vertrage obliegenden Verpflich-
tungen, insbesondere für die Berichtigung der Konventionalstrafe,
stellt Kontrahent Peters die Mitunterschriebenen: Tierarzt Peter Maaßen
in Marne und Fuhrunternehmer
Franz Plett in Neufeld, als selbstschul-
dige Bürgen, welche diese Bürgschaft
durch Mitunterschrift dieses Vertra-
ges übernehmen.

Die Endesunterschriebenen ent-
sagen allen wider diesen Vertrag zu
erdenkenden Einreden und Ausflüch-
ten, insbesondere die Bürgen der

Einrede

Einrede der Vorausklage und der
Teilung, und leisten Verzicht auf die
angenommene Rechtsregel, daß ein
allgemeiner Verzicht auf Einreden nicht
gelte und binde, wenn nicht ein besonderer vorhergegangen sei.
So geschehen zu …
(Unterschriften)"

Nachdem der Vorsitzende Goos die
Erlaubnis der zuständigen Behörden, die
Chausseen, Strassen, und Wege für die Beförderung des Steines benutzen zu dürfen, eingeholt hatte, konnte mit dem
Transport des Steines begonnen werden.
Die Beförderung geschah auf einem ei-
gens für diesen Zweck gebauten starken
Wagen, der auf Schienen lief und von
Pferden gezogen wurde. Die Fortbewe-
gung konnte bei dem großen Gewicht
des Steines und dem Ab- und Wiederan-
bau der Schienen natürlich nur langsam
vor sich gehen, auf geraden Strecken
100 bis 200 m am Tage, bei Wegbiegun-
gen bedeutend weniger. Doch konnte

der

Der Stein auf dem Transport vor der Holländerei in
Meldorf

der Transport innerhalb der kontrakt-
lich festgesetzten Zeit, im <u>Herbst 1897</u>, ausgeführt werden und verlief ohne stö-
renden Zwischenfall.

Nun ergab sich die weitere Frage:
„Welche Gestalt soll das Denkmal haben?"
oder: in welcher Weise soll der Stein
zum Denkmal verwandt werden?"
Der Ausschuss wurde sich dahin einig , *
Herrn Architekt Voigt in Kiel, der den
Mitgliedern als Erbauer des Museums-
gebäudes und des Kreishauses in
Meldorf rühmlichst bekannt war, zu
bitten, einen Plan nebst Kostenanschlag
zu entwerfen. Der von ihm ausgear-
beitete Plan fand die einstimmige Annahme des Ausschusses und des Gesamtkomitees **. Der Entwurf sah vor, die
Wurtstelle zu erhöhen, die abgeplatte-
te Kuppe des aufgeworfenen Hügels
mit einer Mauer aus Findlingsblöcken

zu

---

*   Sitzung am 19. 2.1898
**   „   am 21.12.1898

zu umgeben und in der Mitte der Plattform auf einem Postament, das gleichfalls
aus Findlingsblöcken aufgebaut gedacht
war, den großen Stein als Krönung auf-
zusetzen. Als Ergänzung fand in der
Sitzung des Gesamtkomitees am <u>9.9.1899</u>
der Vorschlag des Herrn Joh. Kahlke Annahme,
auf der Vorderseite des Steines die In-

schrift

schrift: „17. Febr. 1500 – 1900" und auf
der Rückseite die Worte:."Wahr di,
Garr, de Buer de kumt," anzubringen.
Der Vorschlag des Architekten Voigt, die
Namen solcher Persönlichkeiten, die sich
in der Schlacht besonders berühmt gemacht
haben, auf kleineren Steinen der Um-
fassungsmauer zu verewigen, fand
gleichsam allgemeine Billigung. Es sollen eingegraben werden die Namen
Wulf Isbrant, Telse von Oldenwöhrden,
Reimer von Wiemerstedt." Die Fertig-
stellung des Denkmals ward der Firma
Albers und v. Drathen in Meldorf übertragen für
die geforderte Summe von 6948,60 M,
da diese dem Voranschlag am nächsten
war und die Firma auch die Gewähr
bot, daß die Arbeiten auch zur Zufrie-
denheit rechtzeitig ausgeführt werden würden. Hinrich Johann Peters
in Marne, von dem auch ein Angebot
eingegangen war, hatte 8247 M

gefordert

Graf Rudolf u. die Böckelnburg.

Photogr. v. J. Thiele Hamburg.

gefordert.
Von der Witterung begünstigt, konnte die Arbeit nach einem von Herrn Architekt Voigt entworfenen Kontrakt
im Laufe des Jahres beendigt werden.
(In dankbarer Anerkennung mag
an dieser Stelle erwähnt werden, daß
Herr Architekt Voigt in uneigennützi-
ger Weise keine Entlohnung für seine
Arbeiten im Interesse der Denkmalssache beansprucht hat.)
Inzwischen waren auch die

Mittel zur Errichtung des Denkmals

bereitgestellt. Der Gedanke, sie durch eine
Landesbede aufzubringen, wie in der 1. Sitzung des Gesamtkomitees am 14. Dez. 1895
geäußert war, wurde festgehalten und
weiter verfolgt. Dabei tauchte die Frage
auf: Soll die Sammlung gleich vorgenommen werden, bevor über den Ort und
die Art des Denkmals endgültige Be-
schlüsse gefasst sind, oder ist es zweck-

mäßiger

mäßiger zu warten, bis über diese Punkte die Entscheidung gefallen ist. Justiz-
rats Hedde's Vorschlag, die Frage über
Ort und Art des Denkmals hinauszu-
schieben, bis die Sammlungen abgeschlossen seien, fand nicht die Zustimmung der
Mehrheit. Sie war vielmehr der Meinung,
daß die Einwohner doch darüber Klarheit
haben mußten, was mit den Mitteln,
um die sie gebeten würden, geschaffen
werden sollte. So entschied sie sich in
der denkwürdigen Sitzung am
21. Jan. 1897, bevor noch die Sammlung
in Angriff genommen war, den Barlter Stein zum Denkmal auf der Dusenddüwelswarf zu verwenden in der Hoffnung, daß die Mittel reichlich fließen
würden. In derselben Sitzung ward auch
die Organisierung der Sammlung nach
den Vorschlägen des Ausschusses festgelegt.
Die Kirchspielgemeindevorsteher sollen
gebeten werden, die Sammlungen für
ihr Kirchspiel in die Hand zu nehmen, die
durch zu bildende Lokalsammelkomitees

auf-

aufgebrachten Mittel zu sammeln und
an Rentmeister Hönerloh in Meldorf, der
das Amt eines Schatzmeisters übernom-
men hatte – Sitzung des Ausschusses 22.5.97 -
abzuführen. Mit der Sammlung soll begonnen werden, sobald die Erlaubnis zur
Vornahme derselben vom Oberpräsidenten eingeholt ist. Durch Vermittlung der
Schulen wurden ca. 18000 Stück eines Auf-
rufes verteilt, der wie folgt lautete:

„An unsere dithmarsischen Landsleute!
Am 17. Febr. 1900 sind 400 Jahre verflossen
seit der Zeit, daß unsere Vorfahren auf
der Dusenddüwelswarf bei Hemmingstedt
das vereinigte dänisch-holsteinische Heer
und die schwarze Garde des Junkers Slenz
vernichteten.
Das Andenken an diese Heldentat unserer Vorfahren haben die dankbaren Nachkommen allezeit im Herzen treu bewahrt
und noch heute begeistern sich die Söhne Dithmarschens an der Geschichte der Altvorderen.
Aber immer noch entbehrt die Stätte,
wo diese ihr Leben für die Freiheit ihres

Landes

Die Rolandgruppe aus Windbergen.

Landes wagten, eines Denkmals als eines
äußeren Zeichens, daß die dankbare Nach-
welt der Taten der Väter eingedenk ist,
noch schmückt kein Stein Dithmarschens Eh-
renfeld, wo Wulf Isbrant und die Seinen
die 100fache Übermacht überwanden.

Die 400. Wiederkehr dieses Ruhmes-
tages mahnt uns an diese Ehrenschuld, sie
abzutragen ist jedes Dithmarschers lang-
gefühltes Herzensbedürfnis.

Es bedarf daher nicht vieler Worte,
nicht besonderen Appells an unsere Landsleute, um sie zu bitten, zur Verwirklichung unseres Bestrebens ein Scherflein
beizutragen, ein jeder nach seinem Vermö-
gen (seinen Kräften).

Zu diesem Zweck wird in Dithmarschen
eine Haussammlung veranstaltet werden;
im übrigen ist auch unser Schatzmeister,
Herr Rentmeister Hönerloh in Meldorf bereit, Gaben in Empfang zu nehmen.

Das Gesamtkomitee für die Errichtung eines Denkmals zum Andenken an
die Schlacht bei Hemmingstedt."
gez. Unterschriften

Die

Die Sammlungen wurden im Laufe des Jahres 1897, welche Zeit für eine Haussammlung in den Kreisen Süder- und Norder-Dithmarschen „behufs Gewinnung der Geldmittel für Errichtung eines Denkmals auf der Dusenddüwelswarf bei Hemmingstedt" freigegeben war, vorgenommen. Das Ergebnis konnte vom Vorsitzenden in der Ausschusssitzung am 19. Febr. 1898 bekanntgegeben werden. Er betrug 2913 M 95 Pf. An freiwilligen Gaben waren bis dahin eingegangen 246 M.

Das Ergebnis entsprach nicht den gehegten Erwartungen. Ein warmer Appell, den Herr Landrat Johannßen nach dem Bekanntwerden der ersten ungenügenden Resultate noch an die Kirchspielvorsteher richtete und in dem er vorfragte, ob nicht durch eine Wiederholung der Sammlung durch angesehene Ortsangesessene anstatt durch bezahlte Boten, wie in einigen Orten geschehen war, ein besseres Resultat zu

erzielen.

erzielen wäre, hatte nur geringen Erfolg.
Die Mehrzahl der Kirchspielsvertreter ver-
sprach sich von einer Wiederholung nichts
und lehnte eine solche ab. Den ungenügenden Ausfall schrieben sie zum Teil dem
Umstand zu, daß kurz vorher noch zwei
Haussammlungen stattgefunden hatten,
einmal für das Herzog–Friedrich-Denk-
mal, dann eine zweite in Anlaß einer
Überschwemmung. Andere berichteten,
daß im allgemeinen nicht recht Stimmung
vorhanden sei. Woran lag das? Es konnte der Sache nicht zum Vorteil gereichen,
daß der Streit um die Platzfrage noch
nach der Entscheidung durch das Gesamtkomitee am 21. Jan. 1897 durch die Zeitungen in die Öffentlichkeit getragen
wurde. Bei dem großen Ansehen, dessen
Herr Pastor Harder sich in weiten Kreisen der dithmarsischen Bevölkerung
erfreute, musste sein Vorgehen die
Gebefreudigkeit vieler dämpfen. Andere fanden kein Verständnis dafür, daß

ein

Die „Büsumer Seeräuber."

Photogr. v. C Kuskop, Wilster.

ein gewöhnlicher, roher Felsblock ein
würdiges Denkmal abgeben könnte.
Noch andere stießen sich an den hohen Transportkosten. Auf dem Heider Wochenmarkt
hatte sich ein Witzbold den Scherz erlaubt,
von dem teuren Goos-Ei zu sprechen,
ein Scherz, der sich wie ein Lauffeuer im
Lande verbreitete. Hinzu kam endlich noch,
daß auch die Politik in die Denkmalssache
hineingetragen worden war. Der Bauernverein Nord-Ost, der seine Mitglieder in Ost- und Westpreußen, Pommern
und Brandenburg hatte, überwies dem Denkmalskomitee durch den Reichstagsabgeordneten G. Thomßen, Heide, einen Bei-
trag von 50 M mit folgendem Begleitschreiben:
„Obermühle bei Cöslin, d. 14. Dez. 1896
Hochgeehrte Herren!
Mit großer Freude haben wir aus der
letzten No. unseres lieben Reichsblattes
ersehen, daß unsere ländlichen Berufsgenossen in Schleswig-Holstein beabsichtigen,

auf

auf dem Dusenddüwelfswarft ein Denkmal zu errichten zur Erinnerung an die
glorreiche Schlacht bei Hemmingstedt.

Damals verteidigten tapfere Dithmarscher ihr Land vor Knechtschaft und Leib-
eigenschaft gegen die dänischen und hol-
steinischen Fürsten und Adeligen.

Die Dithmarscher sind seitdem ein Vor-
bild kraftvoller Bauernschaft, eine wahre
Stütze der Nation geblieben, voll Unab-
hängigkeitssinn gegen das Junkertum
und voll Treue gegen den Staat und sein
Oberhaupt.

Die Nachkommen, die heute nach fast 400
Jahren sich stolz ihrer Vorfahren erinnern
und die für ein Denkmal an jene glorreiche
Tat kraftvollen Unabhängigkeitssinnes
sammeln, Ihnen rufen wir Landleute
des Bauernvereins Nordost aus Pommern,
Brandenburg, Ost- und Westpreußen ein
Glückauf zum guten Werke zu!

Als Zeichen, daß wir uns eins fühlen
mit unseren Berufsgenossen in Schleswig-
Holstein

Holstein bitten wir, ein Scherflein von
50 M auch unsererseits zu Ihrem Denkmal
beisteuern zu dürfen.

Jenes Denkmal, das tapfre Bauern der
Vergangenheit und ihren Unabhängigkeits-
kampf gegen das Junkertum verherrlicht,
es sei für ganz Deutschland ein Wahrzei-
chen! Es mag kommen für ganz Deutschland ein neues Hemmingstedt, doch mit
den Waffen unserer Zeit: dem Stimmzettel!
Mit freundlichem Gruß
und größter Achtung
gez. Steinhauer
Vorsitzender des Bauernvereins
Nord-Ost.‟

Der Ausschuß nahm in seiner Sitzung am
21. Jan. 1897 Stellung zu diesem Geschenk und
kam, da es sich 1500 nicht um einen Unab-
hängigkeitskampf gegen das Junkertum
sondern um einen Kampf für staatliche
Selbständigkeit, Unabhängigkeit und
Freiheit gehandelt habe, zu dem Ergebnis,

den

den Vorsitzenden des Bauernvereins zu bitten, das Begleitschreiben mit seinem politischen Inhalt zurückzunehmen; nur in dem
Falle könne der Ausschuß das Geschenk annehmen. In der sich anschließenden Sitzung des
Gesamtvorstandes ging man über diesen
Beschluss noch hinaus. Um das Politische, das
durch das Begleitschreiben in die Denkmalssache hineingebracht war, völlig fernzuhal-
ten, entschied man sich nach eingehender
Aussprache mit großer Stimmenmehrheit
dafür, das Geschenk abzulehnen. Mitbestimmend
für diesen Beschluß war es, daß das Begleitschreiben bereits einige Wochen, bevor es
in die Hände des Ausschusses gelangte, in
einigen Zeitungen veröffentlicht worden
war, woraus das Komitee die Folge-
rung zog, daß der Bauernverein nun
das Begleitschreiben nicht mehr zurückneh-
men konnte und würde. Der Vorsitzende
schickte darum dem Bauernverein die
50 M mit folgendem Begleitschreiben wieder zu:

Meldorf

„Meldorf, den 21. Jan. 1897
Herrn Steinhauer, Vorsitzenden des Bau-
ernvereins Nord-Ost,
Obermühl.

Die dem Ausschuß für Errichtung eines Denkmals zum Andenken an die Schlacht bei Hemmingstedt durch den Reichstagsabgeordneten
Herrn Thomsen in Heide mittels Schreibens
vom 14. Dez. vorigen Jahres überreichten 50 M
beehre ich mich zufolge Beschlusses des Gesamtkomitees von heute Ihnen mit dem Bemer-
ken zurückzusenden, daß wir es ablehnen,
dieselben für die von allen Dithmarschern
ohne Unterschied der politischen Parteistellung
beabsichtigte Ehrung unserer Vorfahren
mit Rücksicht auf den politischen Inhalt des
Begleitschreibens entgegenzunehmen.
Ergebenst
J. Goos, Vorsitzender des Denkmalkomitees."

Leider war mit der Ablehnung des Geschenks
die Sache noch nicht begraben. Eine erbitterte
Zeitungsfehde schloss sich an.* Ein Artikel der
Kieler Zeitung, der das Vorgehen des Komi-

tees

* Rechts gerichtete Blätter, wie die
  Organe des Bundes der Landwir-
  te begrüßten die Ablehnung, links
   gerichtete verurteilten sie.

Wiedergabe des Transportes des Denkmal-Steines.

Photogr. v. C. Kuskop, Wilster.

tees scharf verurteilte, ward als Extrablatt in Dithmarschen verbreitet. Es ward
Mißtrauen gesät gegen das Vorgehen des Komitees und das Gespenst an die Wand gemalt,
daß man in Hemmingstedt ein 2. Denkmal zu
errichten beabsichtige. Zu welcher Geschmacklo-
sigkeit man sich dabei verstieg, zeigt folgender Absatz aus dem Extrablatt: "Unser heu-
tiger Wulf Isebrand befindet sich mit seiner
treuen Bauernschar rastlos bei der Arbeit,
Wir sind sicher, daß, wenn es nötig sein
sollte, er auch auf die Hülfe des 2. Treffens
rechnen darf, welches außerhalb Hemming-
stedts, in ganz Dithmarschen und weit über
die Grenzen unserer Landschaft hinaus auf
dem Posten steht."

Daß dieses Vorgehen einen ungünstigen
Einfluss auf die Gebefreudigkeit gewisser Kreise ausüben mußte und das Ergebnis der Sammlung beeinträchtigte, ist, so bedauerlich es auch
ist, begreiflich, da ein großer Teil der Dithmarscher die politische Einstellung des Bauernvereins Nord-Ost teilte. Doch liefen noch
von mehreren Dithmarschern innerhalb und

außerhalb

außerhalb der Landschaft weitere frei-
willige Gaben ein, im ganzen noch <u>157 M.</u>
Aus Amerika wurden beigesteuert <u>1422,77 M.</u>

Noch in anderer Weise wurden Zuwen-
dungen gemacht. Verlagsbuchhändler Reimer Schulz, Wesselburen, stellte dem Denkmalskomitee 200 Exemplare des Werkchens
„Aus der meerumschlungenen Heimat, von
Adolf Bartels" zur Verfügung. Nach einem
Kontrakt mit dem Dichter sollte er 200 M für
das Denkmal abführen, wenn 1000 Exemplare verkauft seien. Da keine Aussicht vorhanden war, eine solche Anzahl abzusetzen,
schenkte er 200 Stück. Das Komitee nahm das
Geschenk mit Dank gegen Dichter und Verleger
an. Der Kasse konnten aus dem Erlös der
abgesetzten Exemplare 80 M zugeführt
werden.

Ein ähnliches Anerbieten hatte schon
vorher Lehrer em. Edert in Reinfeld, der
durch Veröffentlichung kleiner Erzählun-
gen in weiteren Kreisen bekannt war, dem
Komitee gemacht. Er erbot sich, demselben
das Manuskript einer Novelle „Telse von
Oldenwöhrden

Oldenwöhrden" zur Drucklegung und
zum Vertrieb zur Verfügung zu stellen
gegen ein mäßiges vom Komitee zu be-
stimmendes Honorar. Das Komitee lehnte
jedoch wegen des ungewissen Ergebnisses
eines solchen Geschäftes mit Dank für den
guten Willen des Verfassers ab.

Da die eingegangenen Beträge, im
ganzen aus der Haussammlung und freiwilligen Gaben bis dahin 4819,72 M,
für die Errichtung des Denkmals nicht aus-
reichen, beschloss der Ausschuß, an die Kreistage in beiden Dithmarschen unter Vorle-
gung eines fertigen Denkmalsplanes,
mit der Bitte heranzutreten, die noch feh-
lende Summe zu bewilligen.

In der Sitzung des Ausschusses am
2. Dez. 1898 konnte der Vorsitzende mitteilen, daß jeder Kreistag (für Norder-
dithmarschen einstimmig) bis zu je
4000 M zu bewilligen beschlossen habe.

Noch reichte aber die Summe nicht ganz.
Daher beschloß das Gesamtkomitee in

der

der Sitzung am <u>21. Dez. 1898</u> auf Vorschlag des Justizrates Hedde in Marne, sich
an sämtliche Sparkassen der Kreise um
Bewilligung von Mitteln für das Denkmal
zu wenden. Zur Unterstützung der Bitte
wurde auf Vorschlag des Landrats Johannßen
an die Sparkassen gleichfalls ein Abdruck
des in dieser Versammlung einstimmig ge-
nehmigten Denkmalsentwurfes gesandt.

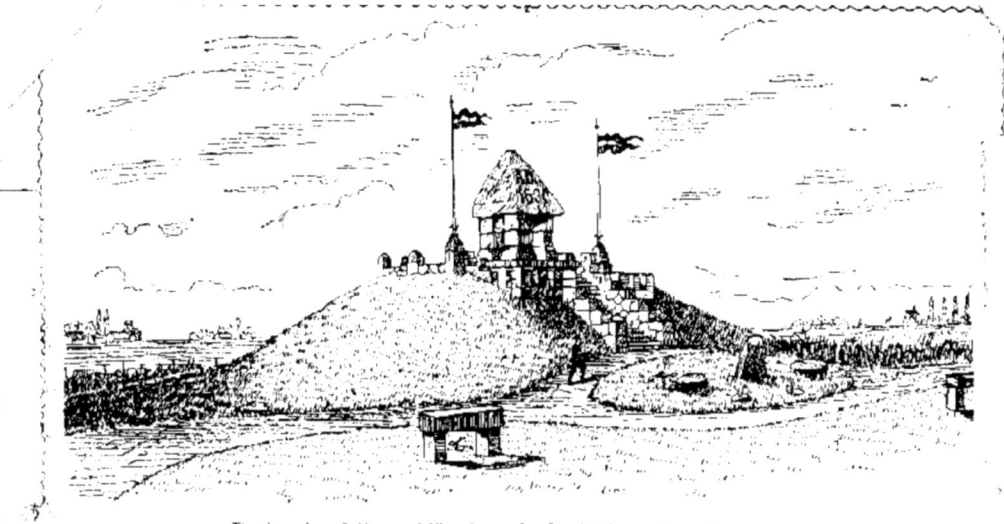

Denkmal auf Dusenddüwelswarf. – Enthüllung 17. Februar 1900.

Grosse 400-jäh. Gedenkfeier zur Erinnerung an die Schlacht bei Hemmingstedt

veranstalter von

Schleswig-Holsteiner Sängerbund

Sonntag, den 18. Februar in der Wicker Park Halle, 501-503 W. North Av.

Anfang Nachmittags 3 Uhr. Tickets 25 Cents à Person.

COMPLIMENTAR.

Die Sparkasse in Marne bewilligte daraufhin 500 M, die in Büsum 50 M.

Den Rest der Kosten, die durch verschiedene Nebenausgaben noch erhöht waren,
deckten die Kreistage mit je 1438,26 M.
Die Gesamtkosten kamen mit allen Nebenausgaben auf 19583,24 M. Damit
war ein Denkmal geschaffen, das, nachdem es fertiggestellt war, allgemeinen
Beifall fand und die Sorgen und Mißhel-
ligkeiten vergessen ließ, die die Vorbereitungen zeitweilig mit sich gebracht
hatten.

Die Landesfeier.

So unerfreulich die Umstände waren,
die sich an die Aufbringung der Mittel
schlossen, so erfreulich war die zahlreiche, begeisterte Teilnahme an der Feier
des 17. Febr. Aller Hader und aller Zwist
schien vergessen zu sein.
Die Vorbereitungen zur Veran-
staltung und Gestaltung der Feier wa-

ren

ren rechtzeitig getroffen worden.
Die erste Beratung über diesen Gegen-
stand fand in der Sitzung des Gesamtkomitees in Heide am 9. Sept. 1899 statt. Mit
Rücksicht auf die ungünstige Jahreszeit, in die der Gedenktag fiel, glaubte
man zunächst, die Feier möglichst einfach gestalten und sich auf Festrede,
Denkmalübergabe und Festessen be-
schränken zu müssen. Für die Festrede
hoffte man einen geborenen Dithmarscher gewinnen zu können. Auch der Gedanke tauchte auf, die Feier in den Sommer zu verlegen und ein größeres dith-
marsisches Volksfest damit zu verbinden.
Doch ließ man diesen Gedanken wieder
fallen und kam zu dem Plan zurück
(blieb bei dem Plane stehen), der gleich
in der 1. Komiteessitzung am 14. Dez. 1895
als Termin den Gedenktag der Schlacht
ins Auge gefasst hatte. In den Versammlungen des Arbeitsausschusses am 20.12.99
und des Gesamtkomitees am 10. Jan. 1900
erfuhr dieser Plan nun eine wesentliche

Erweiterung

Erweiterung. Zur weiteren Ausgestal-
tung des Festes ermutigte die Tatsache,
daß in der Stimmung des Landes über das
Denkmal ein erfreulicher Umschwung eingetreten war. Zwar grollte der Donner
nach dem abgezogenen Gewitter noch schwach
in der Ferne, aber ein Einschlagen war
nicht mehr zu fürchten. Auch der scharfe Angriff, den ein Korrespondent in der großen Ausgabe der Kieler Zeitung vom
31. Jan. 1900 noch gegen das Denkmalskomitee richtete, konnte dem Zustandekommen einer würdigen Feier keinen Ab-
bruch mehr tun. Diesmal rechnete der
Artikelschreiber es dem Denkmalskomitee als schweren, verhängnisvollen
Fehler an, daß es seine sogenannte Landesfeier statt in Hemmingstedt in Meldorf
abzuhalten beschlossen hatte. Nachdem
aber bestimmt war, das Denkmal auf
der Dusenddüwelswarf zu errichten,
konnte der Gedanke, Hemmingstedt, wo-
hin der Feind nicht gekommen war,

zum

Der Brutkamp bei Albersdorf, Opferaltar a. d. heidnischen Zeit.   Photogr. v H. Dethmann. Meldorf. 1

zum Mittelpunkt der Feier zu machen,
gar nicht aufkommen, zumal für die
zu erwartende große Teilnehmerzahl die
Räumlichkeiten dort nicht für ausrei-
chend erachtet werden konnten. Es ward
als selbstverständlich angesehen, sie außer auf
der Dusenddüwelswarf in Meldorf
abzuhalten, von wo die Feinde am 17. Febr.
ausgezogen waren und wo die siegreichen
Dithmarscher am Abend ihre Siegesfeier
abgehalten hatten. Den Gedanken, eine
doppelte Feier zu veranstalten, eine
einfache am 17. Febr. und eine größere in
Form eines Volksfestes im Laufe des Som-
mers, ließ man gleichfalls fallen. Man
entschied sich einmütig für eine einheit-
liche Feier, die nicht auf den Sommer hin-
ausgeschoben, sondern auf den Gedenktag
der Schlacht gelegt werden sollte. Die
Festrede sollte in jedem Fall, auch wenn
die Witterung sonst kein Hindernis bieten
sollte, im Dom gehalten werden. Für
die Festrede ward Hauptpastor Boie in
Tönning

Tönning, der einem alten dithmarsischen
Geschlecht, dem der Vogtemannen, entsprossen
ist, gewonnen. Von einem Festessen glaubte
man absehen zu müssen. An Stelle desselben ward ein einfacher Kommers gesetzt.
Auch wurden für den Abend in 2 größeren
Lokalitäten Festbälle vorgesehen. Allgemeine Zustimmung fand der Vorschlag des
Bürgermeisters Ehlers, einen Festzug
einzuschieben, den Krieger- und Schüt-
zenvereine und die verschiedenen Gewerke bilden würden. Beschlossen wurde
in derselben Sitzung weiter, die Ehren-
mitglieder des Komitees und, auf Vorschlag des Herrn Landrats Johannßen,
den Oberpräsidenten v. Köller besonders
zur Einweihungsfeier einzuladen.

Um den Verlauf der Feier im einzelnen festzustellen und zu ordnen, ward
ein besonderer Festausschuß gebildet. Er
bestand aus den Komiteemitgliedern, die
in Meldorf ihren Wohnsitz hatten, den Ober-
meistern der Innungen und einigen
anderen einflußreichen Persönlichkeiten,

im

im ganzen aus 29 Mitgliedern. Der
Festausschuss widmete sich mit großem Eifer
seiner Aufgabe. Er legte zunächst den Verlauf der Feier in groben Umrissen fest.
Es soll darauf hingewirkt werden, daß
am Festabend, d. i. am Abend vor dem Fest,
auf sämtlichen Höhen und auf den Deichen
Freudenfeuer – Beeken – angezündet
werden und daß am Festtage von
12 – 1 Uhr sämtliche Kirchenglocken in
beiden Kreisen läuten.

Die nähere Gestaltung und der
Verlauf der Feier wird zwei Unter-
ausschüssen übertragen, von denen der
eine die Veranstaltungen für den Vorabend und den Kommers am Abend des
Festtages zu bestimmen, der andere die
Vorbereitungen für den Festzug
zu treffen hat. Weil damit gerechnet
werden mußte, daß der Andrang zu
den Veranstaltungen am Festtage wegen
des zu erwartenden Zustroms von außerhalb sehr groß sein werde, so beschloß

der

Rettungsboot der Station Neufeld.

Photogr. v. Th. Backens, Marne.

der erste Unterausschuß, am Vorabend
eine Vorfeier zu veranstalten, die dann,
wie vorausgreifend festgestellt werden mag, planmäßig verlief. Im dicht
gefüllten Saal der Erheiterung wurden am Abend des 16. eine Reihe leben-
der Bilder aufgeführt. Gezeigt wurden
die Werber, die Ermordung des Grafen
Rudolf von der Bökelnburg, Lands-
knechte im Lager, die Übergabe der
Fahne an Telse, der Kampf Reimers von
Wiemerstedt mit Junker Slenz, und
andere Bilder. Zu jedem Bilde sprach
der Schauspieler Dr. v. Wackenitz ein paar
einleitende Verse. Unterdessen fand drau-
ßen ein Zapfenstreich der freiwilligen
Feuerwehr und der Bürgerschule statt.
Mehr Arbeit hatte der andere der
gebildeten Unterausschüsse, der die Vorbereitungen für den Festzug zu treffen
hatte. Der Gedanke nämlich, einen Festzug in die Feier einzulegen, fand immer wärmere Verbreitung. Hatte

man

man im Anfang nur an eine Beteiligung
der verschiedenen Gewerke gedacht, so
entschloß man sich bald auf Vorschlag von
Herrn Goos, auch historische Gruppen aufzunehmen. Neben Darstellungen von
Persönlichkeiten und Szenen aus der
Schlacht wünschte man Darstellungen aus
der weiteren Geschichte oder Sage oder
der charakteristischen Beschäftigung
(ortseigentümlichen Beschäftigung)
einzelner Ortschaften. Eine Bitte an
verschiedene Ortsvorsteher, eine Gruppe
zu stellen, fand von vielen Seiten williges
Gehör. Von andern Gemeinden, die keine Gruppen
stellen konnten, wurde die Teilnahme an
der Feier in Aussicht gestellt. (Nur von
Hemmingstedt holte der Ausschuss sich
eine glatte Absage mit der Begründung,
daß man dort selbst eine Feier veranstalten werde). So konnte man dem Ge-
lingen der Feier zuversichtlich entgegen-
sehen.
Mit einiger Sorge sah man freilich in

den

den letzten Tagen vor dem Feste nach
dem Wetter aus. Der starke Schneefall,
verbunden mit Schneesturm, ließ Befürch-
tungen aufkommen, ob sich das aufge-
stellte Programm durchführen ließe. Doch
klarte das Wetter am 16. gegen Abend
so weit auf, daß die Freudenfeuer, die
abends um 7 Uhr gleichzeitig an allen
Orten angezündet wurden, weithin sicht-
bar waren. Und als der Festtag angebro-
chen war und Scharen von Festteilneh-
mern mit den Zügen, zu Fuß und zu
Wagen von allen Richtungen an-
kamen und durch die Ehrenpforten in
die reichbeflaggte und geschmückte
Hauptstadt Süderdithmarschens einzogen,
da hätte auch das schlimmste Wetter den
Plan nicht mehr umstoßen können. Und
als nun im Laufe des Vormittags noch
Regen mit Westwind einsetzte, da fühlte
man sich in die Tage zurückversetzt,
wo vor reichlich 400 Jahren ein ähnliches Wetter der Verbündete unserer
todesmutigen

Marcus Swyn u. Ehefrau.   Photogr. v. Th. Backens Marne

todesmutigen Vorfahren gewesen war.
So setzte sich dann

<u>der Festzug</u>

programmäßig 11 ½ Uhr vom Marktplatz durch die Norderstraße, die Heider
Chaussee und die Landstraße durch Epenwörden in Bewegung. Es war nicht ganz
die alte, 1500 begangene Heerstraße, die
der Zug benutzte. Jene führte rechts
von der jetzigen Chaussee durch die Meldorfer Anlagen und weiter nordwärts
über die Waschau, durch höher gelegene
Marsch über die Jardsau und mündete
in den jetzt von der Chaussee abzwei-
genden Weg nach Epenwörden. Der
Festzug bot, besonders in den historischen Gruppen, ein überaus prächti-
ges und in der Anordnung der Gruppen
ein abwechslungsreiches Bild.

An der Spitze

An der Spitze marschierten von
Meldorf gestellte Gruppen; voran schritten

1. 6 Herolde, beritten; es folgten
2. Telse mit der Marienfahne, be-
    gleitet von dem langen
    Reimer von Wiemerstedt,
3. Wulf Isbrant an der Spitze einer
    Schar von 50 mit handfesten Waf-
    fen versehenen Dithmarschern
    in alter Tracht
4. Junker Slenz mit 50 Landsknechten
    in bunter Kleidung,
5. König Hans und Herzog Friedrich, ge-
    folgt von Hans von Ahlefeldt mit
    dem Danebrog und einer glän-
    zenden Ritterschar, alle in gold-
    glitzernder Rüstung,
6. Königliches Fußvolk, gleichfalls in ge-
    schichtstreuen Kostümen, mit Lan-
    zen bewaffnet,
7. Musikcorps
8. Komitee und Vertreter der Gemeinde

dann

dann folgten

9. <u>von Lunden gestellt</u>
   Marcus Swyn und Frau nebst einem
   Gefolge dithmarscher Bauern und
   Bäuerinnen in alten Trachten,
10. <u>Geschlechterwagen</u> der Boien und Stel-
    kemannen, vertreten durch Ju-
    stizrat Hedde, Marne und Fami-
    lie Voß,
11. von Marne gestellt
    Schiffswrack des Landesfeindes
    Wieben Peters,
    Marner Vereine,
    Marner Musik,
12. <u>Kampfgenossen,</u>
13. <u>von Wöhrden gestellt</u>
    Kriegervereine,
14. <u>von Burg gestellt</u>
    Die Bökelnburg, dahinter schreitend
    der gefesselte Graf Rudolf, von Bau-
    ern geführt, dann Wagen mit den als
    Zins zu liefernden Kornsäcken folgen,

von

Photogr. v. Th. Backens. Marne. 19

Junker Slenz, Führer der schwarzen Garde
mit seinen Hauptmännern.

15. <u>von Weddingstedt gestellt</u>
    Kriegervereine,
16. <u>Meldorfer Gymnasium</u> – Kloster-
    schüler und Gymnasiasten,
17. <u>a. Marner</u> Realschule,
    b. Marner Bürgerschule,
18. <u>Meldorfer</u> Bürgerschule,
19. <u>von Windbergen gestellt</u>
    der Roland und 20 Reiter der Ro-
    landgilde,
20. <u>von Wesselburen gestellt</u>
    9 Gruppen – Kriegervereine,
    Feuerwehren, Schützenvereine
21. <u>von Eddelak</u> gestellt
    eine Boßlergruppe,
22. <u>von Büsum gestellt</u>
    das Schiff des Seeräubers
    Cord Widderich mit 7 Mann
    wild aussehender Besatzung,
                    23. Stadt

23. <u>Stadt Meldorf</u>, und zwar
    a. Stadtvertretung,
    b. Baugewerbsinnung, einen Wagen
      mit einer Nachbildung der alten
      Meldorfer Kirche mit sich führend,
    c. Schmiedeinnung,
    d. Schlachterinnung,
    e. Schuhmacherinnung,
    f. Gesangvereine
    g. Arbeiterbildungsverein
    h. Bäckerinnung
24. <u>von Neufeld gestellt</u>
    ein Rettungsboot mit Bemannung,
25. <u>von Nordhastedt gestellt</u>
    eine Frauengruppe auf altertümlichem
    Wagen, dahinter gefangene Räuber
    und deren Bezwinger, eine Symbolisie-
    rung der Sagen, worauf die Nordhastedter
    die in einer Höhle im Riesenwohld hausenden
    und die Gegend beunruhigenden Räuber
    nach anfänglicher Niederlage und Flucht
    durch schlagkräftiges Eingreifen ihrer
    Frauen endlich besiegt u. gefangengenommen
    haben,

<u>26.</u> von

26. von Reinsbüttel gestellt
   Feuerwehr und Liedertafel,
27. von St. Annen gestellt
   Feuerwehr und Liedertafel,
28. von Neuenkirchen gestellt Gesangverein,
29. von Gudendorf gestellt Gesangverein,
30. von Albersdorf gestellt
   ein Wagen mit einer Nachbildung
   des Brutkamps – ein heidnischer Prie-
   ster opfert das von dem vor ihm
   stehenden Brautpaar gespendete
   Lamm, Urdithmarscher begleiten den Wagen
31. von Hemme gestellt
   Auszug von Kampen,
32. von Meldorf gestellt
   Kegelklub „Gut Holz",
33. Transport des großen Steins,
34. von Heide gestellt
   eine Gruppe der 48er,
35. von Hennstedt gestellt
   Kriegervereine,
36. von Weddingstedt gestellt Kriegerverein

Die

Bewaffnete Dithmarscher Bauern.

Photogr. v. Th. Backens, Marne.

Die Teilnehmer aus Heide, Hennstedt und
Weddingstedt reihten sich am Denkmal, aus
Heide kommend, in den Festzug ein.
<u>Windbergen</u> hatte außerdem einen Fahnen-
schwenker gestellt, der aber wegen des
herrschenden Windes seine fast vergessene
Kunst nicht ausüben konnte.
Es war ein langer Zug. Man schätzte
die Zahl der Teilnehmer auf 3000, die
letzten Glieder werden kaum aus Meldorf
herausgewesen sein, als die Spitze an der Dusenddüwelswarf ankam. Nachdem sich
hier die von Heide gekommenen Gruppen
angeschlossen hatten, begann um 1 Uhr die
Feier. Die Fahnenträger stellten sich
mit ihren Fahnen zu beiden Seiten der
zu der Plattform führenden Treppe
auf. Telse, Wulf Isbrant und Reimer
von Wiemerstedt nahmen vor dem Stein
Aufstellung, und die Musik stimmte den Choral
an: „Ein feste Burg ist unser Gott", in den alle An-
wesenden einfielen. Dann übergab der

Vor-

Vorsitzende des Gesamtkomitees, Herr
Goos, das Denkmal den beiden Kreisen Norder- und Süderdithmarschen
mit folgender Ansprache:

„Hochgeehrte Festversammlung!
Liebe Landsleute!
Mit hoher Freude begrüßen wir den
heutigen Tag. Heller Jubel ertönt im
ganzen Dithmarscherlande, vom Meer
zur Holsten- und Gieselau, von der Elbe
bis zum Eiderstrande. Zu vielen Hunderten sind wir heute hier vereinigt.
Gilt es doch heute, den Ehrentag unseres
Volkes zu feiern, den 400. Gedenktag der
ruhmreichen Schlacht bei Hemmingstedt festlich zu begehen. Größere Schlachten sind
geschlagen worden, welterschütternde
Ereignisse haben sich abgespielt; die Blätter
im Ruhmeskranze der Dithmarscher aber
werden nie welken. Der 17. Febr. 1500
ist in dem Herzen eines jeden Dithmarschers
mit Flammenschrift eingegraben: der Ge-

danke

danke an die Niederlage von König Hans
und Herzog Friedrich und Junker Slenz
wird die Brust jeden Marsensohnes höher
schwellen lassen, solange es ein Dithmarschen gibt. Deshalb sind auch heute, am
17. Febr., 400 Jahre nach der ruhmreichen
Schlacht, die Gedanken aller Dithmarscher
hierher gerichtet. Mit uns feiern unsere
Landsleute in der Ferne. Mögen sie auch
oft lange der Heimat entfremdet sein,
heute fühlen sie sich wieder als Nachkommen der alten stolzen Geschlechter, heute
fühlen sie wieder die Bedeutung des
alten Wortes: „Dithmarscher Ehre, stolze Ehre,
Dithmarscher Ehre findet man nimmermehre"!
Wir stehen heute an historischer Stätte. Seit
Jahrhunderten lebt der Name Dusenddüwelswarf in Sage und Geschichte. Mag man
darüber streiten, wo einst die Schanze
lag, ob hier, ob weiter nördlich, - an die
Dusenddüwelswarf knüpft sich die Erinnerung der großen „Viktoria". Wuwol

de Name

Klosterschüler aus Meldorf ums Jahr 1550—1600.

Photogr. v. Th. Backens, Marne.

de Name gruwlich leet, Dusenddüwelswarf de Städe heet," sagt das alte Lied.
Hierher sind seit langer Zeit die Epenwördener gezogen, um den 17. Febr. festlich
zu begehen, an dieser Stätte konnte am
12. Juli 1799, also vor reichlich 100 Jahren
Kirchspielvogt Lempfert [*] zu dem späteren
König Friedrich VI sprechen:
„Hier wars, wo unsere Väter fochten
für Freiheit und für Vaterland!
Hier, wo sie Siegeskränze flochten
für Wiemerstadt und Isebrant!
Dort schwangen Helden ihre Speere,
hier blitzten Hellebard und Schwert!
Dort stritten Weiber um die Ehre,
zu kämpfen für den eignen Herd."

Der heutige Tag erfüllt uns mit hoher
Freude. Was unsere Väter längst erhofft,
ist zur Tatsache geworden, nicht länger entbehrt diese uns so teure Stätte eines sicht-
baren Zeichens, daß die Marsensöhne der
großen Taten ihrer Väter eingedenk sind.
Heute haben die dankbaren Söhne eine Eh-
renpflicht

[*] vgl S.16

renpflicht erfüllt: den tapferen Kämpfern
von 1500 ein Denkmal zu setzen. Schon
längst war dazu der Plan gefasst. Schon
einmal war er seiner Verwirklichung nahe, im Jahre 1847. Ein Komitee hatte sich
gebildet, die Sammlungen waren vorberei-
tet. Doch die politischen Ereignisse der folgenden Jahre traten der Ausführung hindernd
in den Weg. Auch die Folgezeit war wenig
geeignet, die Denkmalsfrage ihrer Verwirklichung näherzubringen. Erst in den
80er Jahren regte sich der Gedanke von
neuem. Der Museumsvorstand wollte
alle wichtigen Schlachtörter hier, die Sü-
derhamme, die Tielenschanze, den Kirch-
hof von Wöhrden, die Bökelnburg, die
Marienburg mit einfachen Denksteinen
schmücken; unser berühmter Landsmann
Adolf Bartels forderte in seinem „Traum
eines Dithmarschers" in poetisch begeistern-
den Worten zur Errichtung eines
Denkmals auf; der Wesselburener Bür-
gerklub wandte sich in dieser Sache an den
Kreistag

Kreistag von Norderdithmarschen. Am
17. Juni 1894 bildete sich ein vorläufiges
Denkmalskomitee, dem am 14. Dez. 1894
die gesamten Mitglieder beider Kreistage beitraten, und von nun an wurde
unablässig in der Denkmalssache weiter-
gearbeitet. Am 21. Jan. 1897 beschloss das
Komitee einstimmig, den Findling auf
dem Barlter Vierth für das Denkmal
zu verwenden, und in derselben Versammlung entschied sich die Mehrheit für diesen
Ort als Denkmalsplatz. Im März desselben
Jahres gaben in Folge von Meinungsver-
schiedenheiten die beiden Kreistage als
Schiedsgericht ihr Votum für diesen Ort
ab. Auch bei unseren Brüdern in Nordamer-
rika fand die Denkmalssache fruchtbaren
Boden. In Chikago bildete sich ein Komitee,
und ihre Gaben haben wenigstens dazu
beigetragen, das Denkmal zu einem
würdigen zu gestalten. Herr Architekt
Voigt in Kiel stellte seinen Rat in selbstloser Weise in den Dienst der Denkmalssache, und so steht denn heute das Denkmal

da

da; schlicht und einfach, und doch wirkungs-
voll. Ein einfacher Stein – und doch ein ge-
waltiges Sinnbild der alles zudrücken-
den, alles zermalmenden dithmarscher
Volkskraft. Verehrte Landsleute! Das Denkmal steht fertig da vor Euren Augen.
Die Tätigkeit des Denkmalskomitees ist
zu Ende. Namens des Gesamtkomitees
übergebe ich denn das Denkmal den beiden Kreisen als Eigentum – mögen sie
es in ihren Schutz nehmen! Uns aber und
unsern Kindern wünsche ich: Möge der
Stein sein und bleiben ein <u>Erinne-
rungszeichen</u> an die großen Taten
der Väter, ein <u>Mahnzeichen</u>, sich der Väter wert zu erzeigen, denselben auf-
opfernden Sinn, dieselbe Tapferkeit sich
allzeit wahren zum Heil des kleinen
und des großen Vaterlandes.
Das walte Gott!"

Hierauf übernahm Herr Landrat
Johannßen das Denkmal als Eigentum der
beiden Kreise mit folgenden Worten:

„Mir

„Mir, der ich Namens der beiden jetzt
das Land Dithmarschen bildenden Kreise
auf die Worte des Herrn Vorsitzenden des
Denkmalskomitees zu erwidern habe,
liegt es zunächst ob, dem Komitee und
allen, die ihm zur Seite gestanden, den
Dank des Landes zum Ausdruck zu brin-
gen für die Wiederanregung und Ausführung eines Gedankens, der schon seit lange in eines Dithmarschers Brust geschlum-
mert, aber erst jetzt mit dem wendenden
Jahrhundert und der Wiederkehr des
vierhundertjährigen Gedenktages der
Schlacht bei Hemmingstedt seine Verwirklichung hat finden können. Eine Ehrenschuld ist es in der Tat, die wir heute ab-
zahlen wollen, die, wenn auch schon lange
fällig, nie zu spät abgetragen wird.

Zur Landesfeier sind wir vereint;
das flammten gestern abend von den Höhen der Geest, von den Deichen der Marsch die
Freudenfeuer weit ins Land hinein;
das sagt der Glocken eherner Mund,
die

Die tapferen Frauen aus Nordhastedt.   Photogr. v. Th. Backens, Marne.

die zu dieser Stunde in ganz Dithmarschen widerhallend uns und allen denen,
die haben daheim bleiben müssen, den Be-
ginn einer Feier künden, die eines jeden Dithmarschers Herz muß höher schlagen lassen; das zeigen die hier versam-
melten Scharen, der Festzug, der soeben
schier unübersehbar aus Meldorfs To-
ren sich bewegte und in bunter Far-
benpracht des Landes Geschichte vor unseren Augen will vorüberziehen lassen.

Der Jahreszeit Rechnung tragend,
hat davon abgesehen werden müssen, der
Feier an dieser Stelle eine weitere Aus-
dehnung zu geben: im Dom zu Meldorf,
der Stadt, wo vor 400 Jahren die Dithmarscher ihr Siegesfest begingen, werden wir die hier beginnende Feier fort-
setzen und durch berufenen Mund die
Bedeutung dieses Tages auf uns wirken lassen.

400 Jahre sind es her, daß auf diesen Fluren zwischen einem Häuflein

dithmarscher

dithmarscher Bauern und einem der mäch-
tigsten und gefürchtetsten Heere jener Zeit
ein Ringen stattfand, wie es die Welt sel-
ten gesehen, ein Sieg erfochten wurde,
der mit einem Schlage der bis dahin fast
unbekannten Bauernrepublik hoch im
Norden einen Glanz verlieh, der ihren
Namen weit über Deutschlands Grenzen in aller Herren Länder erstrahlen
ließ.

Zwar viel besungen und gefeiert
ist von den besten Söhnen dieses Landes
der Dithmarscher heldenmutiger Kampf
und Sieg bei Hemmingstedt, und mit
Stolz vererbt sich von Geschlechtern zu
Geschlecht die Kunde jener fast sagenhaf-
ten Schlacht auf dem Dusenddüwelswarf.
Aber der Vorfahren Taten mußte noch in
anderer Weise gedacht werden, und so
sehen wir heute vollendet das Denkmal
vor uns, das von Künstlers Hand in
inniger Versenkung in die Geschichte
jener Zeit entworfen, von heimischem
Meister aus heimischer Erde und Felsen,

wie

wie sie unser Boden gab, ausgeführt, in
seiner Zusammensetzung und Form jene elementare Kraft am besten veran-
schaulicht, welche vor 400 Jahren, den Lan-
desfeind zerschmetternd, der Heimat die
Freiheit erhielt.

Fragen wir uns heute, woher den
Ahnen die freudige Zuversicht kam, den
so ungleichen Kampf aufzunehmen, woher der Mut, den ungeschützten Leib den
Schwertern der Ritter, den Speeren der un-
überwundenen Landsknechtsscharen ent-
gegenzuwerfen! Vaterlandsliebe,
Mannesstolz, Tapferkeit waren das
Rüstzeug, mit denen das schier Unmög-
liche erreicht wurde.

Und als 3 ½ Jahrhunderte später
die Nachkommen der Helden von Hemmingstedt hinauszogen für Freiheit
und Recht, als über die Schlachtfelder von
Idstedt und Friedericia, von Düppel
und Königgrätz hinweg die deutschen
Stämme sich zusammenfanden, um Schul-

ter

Photogr. v, Th. Backens, Marne 23

Frauen in Dithmarscher Tracht.

ter an Schulter auf Frankreichs Feldern
kämpfend ein geeintes Deutsches Vaterland erstehen zu lassen – was war es
denn anders als wiederum die Betäti-
gung jener Tugenden, der Sieger von
Hemmingstedt, so packend ausgedrückt
in den einfachen Worten des altfriesisch-
dithmarsischen Wahlspruchs: „Lever dod
as Slav!"

Ja, ein Erinnerungszeichen soll das
Denkmal sein, aber auch ein ernstes Mahn-
wort für uns und alle kommenden Geschlechter: Würdig sollen wir uns erweisen
der Taten unserer Vorfahren, jederzeit
gerüstet, einen Tag von Hemmingstedt,
sollte er dem deutschen Volke je bevorste-
hen, wie sie in Ehren zu bestehen.

Der Väter dröhnendes Schlachtgeschrei:
„Wahr di Garr, de Buer de kumt",
tief eingemeißelt in des Denkmals
Stein, es gilt, wenngleich in anderem
Sinn, auch heute noch. Nicht gegenein-

ander

ander, vereint stehen jetzt Bauer und Edel-
mann, und ein: „Wahr di'" schallt auch heute
noch entgegen einem jeden, der des deutschen Volkes höchste Güter anzutasten sollte
wagen wollen. Dies künde mahnend jener Stein noch den fernsten Geschlechtern!
Mit diesem Wunsche übernehme ich hier-
mit das Denkmal in der beiden Kreise
Eigentum, Schutz und treue Obhut! "

Die nach Hunderten zählende Menge
stimmte darauf begeistert das Lied an:
„Deutschland, Deutschland über alles."
Damit war die erhebende Feier am
Denkmal geschlossen.

Nach kurzem Verweilen trat der Festzug den Rückweg durch Epenwörden nach
Meldorf an.

Um 3 Uhr versammelte sich eine
zahlreiche Zuhörerschaft zum Festgottes-
dienst im Dom. Letzterer war, so groß
er auch ist, nicht imstande, die Menge der
Zuhörer zu fassen. Herr Hauptpastor
Boie, Tönning, hielt die Festrede. Unter Zugrundelegung des 78. Psalms

predigte

predigte er über die Bedeutung der Schlacht
im Glanze des Ewigkeitslichtes. Die Predigt machte auf die Hörer einen tiefen
Eindruck. Der vorzüglich geschulte Chor
trug zur Erhebung der Feier bei, beson-
des durch Vortrag des niederländi-
schen Dankgebets.

Über den sich anschließenden Festkom-
mers in der „Erheiterung" berichteten die
Itzehoer Nachrichten Jahrgang 1900 No. 42:
„Um 6 Uhr begann in dem überfüllten
Saal der „Erheiterung" der Festkommers,
den Herr Landrat Behnke aus Heide mit
einem Hoch auf den Kaiser eröffnete. Herr
Landrat Johannßen ließ Dithmarschen,
Herr Landtagsabgeordneter Dr. Martens,
Burg, den Architekten Voigt, den Schöpfer
des Denkmals, leben, Herr Amtsvorsteher
J. Kahlke aus Friedrichsgabekoog den
Vorsitzenden des Komitees, Lehrer Goos, auf
dessen Schultern die Hauptarbeitslast ge-
ruht und der sich in selbstloser Weise der
Denkmalssache gewidmet hatte. Herr
Justizrat

Die Baugewerks-Innung mit dem Modell der alten Meldorfer Kirche.

Photogr. v. Th. Backens, Marne.

Justizrat Guth aus Heide brachte ein Hoch
auf Schleswig-Holstein, Herr Hauptlehrer
Harms auf Deutschland." Mit dem Hoch
auf Deutschland schloss der offizielle Teil des
Kommerses. Inzwischen war eine ganze
Anzahl von Depeschen eingegangen, die
von Herrn Landrat Behnke verlesen wurden, u. a. auch eine vom Oberpräsidenten
v. Köller, der eine Einladung zur Feier
erhalten hatte, aber durch Tagung des
Provinziallandtages am Erscheinen verhindert war, vom Oberregierungsrat
Jürgensen in Oppeln, früherem Landrat
in Meldorf, vom Architekten Voigt, der
wegen Erkrankung nicht hatte kommen
können, vom Verein der Schleswig-Holsteiner in Berlin, vom Bürgermeister
von Tönning, der an das jetzige gute Ver-
hältnis (nachbarliche V.) zwischen Eiderste-
dtern und Dithmarschern, die früher so häu-
fig in Fehde gelegen hatten, erinnerte,
und von vielen andern.

Adolf

Adolf Bartels telegraphierte aus
Weimar:
„Dithmarschens Ruhm wird fortbestehn,
bis einst die Erde wird vergehn;
so sorget, daß auch Dithmarscher Kraft
allzeit Vorzügliches schafft."

Aus Amerika, wo der Erinnerungstag , z. B. in
Chikago, in großartiger Weise gefeiert
wurde, waren eine ganze Anzahl Briefe
eingegangen.

Von der nun eingegangenen Rede-
freiheit wurde fleißig Gebrauch gemacht.
Es toasteten u.a. Herr Tiedemann, Brunsbüttel auf den Festredner, Herrn Hauptpastor Boie,
Herr Dr. Meyersahm, Meldorf auf Heer und Flotte,
Herr Landrat Behnke auf Herrn Prof. Nie-
meyer, den Verfasser eines der Kommerslie-
der, Herr Lehrer Bruhn, Wesselburen, auf
„Unse ole Moderspraak", Herr Rektor Eckmann,
Wöhrden in origineller Weise auf die Zukunft des Dithmarscher Landes, Herr Reichs-
tagsabgeordneter Kahlke, Heide, auf die
Dithmarscher Frauen und Mädchen, Herr Rentmeister Hönerloh auf die Dithmarscher
im Ausland, Herr Lehrer Lützen, Wehren,
auf

auf Deutschlands Einigkeit. Herr Landrat
Johannßen gedachte in anerkennenden
Worten der hingebenden Tätigkeit des
Herrn W. v. Drathen bei der Errichtung des
Denkmals; Herr Pastor Hinrichs, Burg,
pries in gebundener Rede den Festzug.
Großen Beifall erntete der Neuenkirche-
ner Gesangverein mit dem Vortrag eines von Rektor Hintmann gedichteten und
vertonten Dithmarscherliedes, beginnend:
„Wahr die Bur, de Garr de kumt." In
seiner Rede auf Dithmarschen hatte Landrat Johannßen auf das tapfere Buren-
volk in Südafrika hingewiesen, das für
seine Freiheit und Unabhängigkeit gegen das mächtige England im Kampfe
stand. Die Anregung, die ein Ungenann-
ter aus Altona auf einer Postkarte gab,
dem Staatssekretär Leydo in Brüssel ein
Sympathietelegramm zu schicken, fand
darum begeisterte Zustimmung. An den
Erbauer des Denkmals, den Architekten
Voigt ward folgender telegrafische
Gruß gesandt: „Ganz Dithmarschen spricht
Ihnen

Die Schlachter-Innung.

Photogr. v Th. Backens, Marne

Ihnen als dem Schöpfer des schönen Denkmals,
des Lobes voll, seinen wärmsten Dank aus
für Ihre tatkräftige und selbstlose Arbeit."
Weitere Telegramme gingen ab an Oberregierungsrat Jürgensen in Oppeln, an
den Vorsitzenden des Gesangvereins in
Chikago, Herrn Lüders, an den Bürgermeister von Tönning, an Adolf Bartels, Weimar,
an den Verein der Schleswig-Holsteiner, Berlin.

Der Kommers hielt die Teilnehmer bis
in die späten Abendstunden in festlicher
Stimmung zusammen.

Um 5 Uhr hatten in Dithmarsia und
im Deutschen Haus die Festbälle ihren Anfang genommen. Auch diese Lokalitäten
waren überfüllt. „Eine solche Anzahl von
Gästen, wie sie hier am 17. Febr. zum Fest
erschienen war, hat Meldorf wohl noch
nicht gesehen und wird die Stadt auch
wohl so bald nicht wieder sehen", schrieb
die Zeitung. Und weiter schrieb sie:
„Wenn wir jetzt, am Ende des Festes, zurückblicken, so können wir zu unserer größten
Befriedigung sagen, daß die Feier

einen

einen großartigen, erhebenden Verlauf
genommen hat; ganz Dithmarschen war
in der Tat ein „einig Volk von Brüdern."

Mit der Feier war die Tätigkeit des
Komitees und der Ausschüsse beendet. Es
hatten getagt: Das Gesamtkomitee 6mal,
der Ausschuß 13mal, beide Körperschaf-
ten abwechselnd in Meldorf und Heide,
der Festausschuß 1mal, die Unterausschüsse für den Festzug 6mal.
In der Schlußsitzung des Ausschusses
am 11. Apr. 1900 – der 14. Sitzung – konnte
zum Ausdruck gebracht werden,
daß man mit Befriedigung auf die
Landesfeier am 17. Febr. zurückblicken
könne und besondere Genugtuung darüber empfinden, daß dieser Feier,
dem Abschluß der Denkmalsbewegung,
von allen Seiten großes Interesse ent-
gegengebracht worden war. Man
könne sagen: „Ende gut, alles gut",
und mit dem Bewusstsein von seiner

Arbeit

Arbeit gehen, daß das Denkmal die
Anerkennung aller gefunden hatte,
die es gesehen, und voller Befriedigung endlich darüber, daß nun
zur Ausführung gekommen war,
was man lange als Ehrenschuld emp-
funden hatte und was seit einem
halben Jahrhundert geplant war.

———————————————————

Anhang

Die Einweihung des Denkmals.

Anhang I

Die Feier des Gedenktages der Schlacht
bei Hemmingstedt blieb nicht auf Meldorf
beschränkt. In ganz Dithmarschen gedachte
man (festlich) dieses Tages. In vielen Orten, größeren wie kleineren, wurden
Festlichkeiten veranstaltet. Eine besondere Ausprägung erhielt diese Feier in
Hemmingstedt. Das Komitee, das sich
hier gebildet hatte, – s. S. 29 – sah zwar davon ab, ein 2. Denkmal in Hemmingstedt
zu errichten, beschloß aber, sich von der
allgemeinen Landesfeier auszuschlie-
ßen und eine besondere Festlichkeit zu
veranstalten. Sie verlief nach einem
Bericht der Kieler Zeitung vom 22.2.1900
folgendermaßen:

Vormittags 9 Uhr ward in der Kir-
che ein Gottesdienst abgehalten, bei dem
Herr Pastor Harder die Predigt hielt.
Um 1 Uhr setzte sich ein Festzug in Be-
wegung. 2 Herolde eröffneten den Zug.
Es folgten

die

die Reiterei mit Schärpen, schwarzem
Kremphut und hohen Stiefeln, 40
an der Zahl,
ein Festwagen mit Telse, Wulf Isbrant
und Reimer von Wiemerstedt, gezogen von 4 Rappen,
eine Kanone, gezogen von 4 Füchsen,
ein 3. Wagen, die Landwirtschaft darstel-
lend; oben auf Korngarben saßen
Knecht und Magd mit Harke und Sense,
die Musik,
das Festkomitee,
die Kampfgenossen von 1848/51 und 1870/71,
die Kriegervereine,
die Feuerwehr,
die Liedertafel und zum Schluß
die Wagen mit den übrigen Teilnehmern.
Der Zug führte, von Hemmingstedt aus-
gehend, über Lieth, Lohe, Rickelshof,
Heide (um den Marktplatz), Braaken
und zurück nach Hemmingstedt. Die
Dörfer, durch die der Zug sich bewegte,

hatten

hatten je 2 bis 3 Ehrenpforten errichtet. In Heide wurden (vor Roggenkamps
Hotel) Ansprachen gewechselt zwischen dem
Vorsitzenden eines Festkomitees, das
sich auch in Heide gebildet hatte, und Pastor Harder. An den Festzug schlossen
sich dann Festkommers und Festbälle
an, die stark besucht waren. Auch
aus anderen Orten Dithmarschens waren zu dieser Feier – etwa 150 –
Gäste erschienen.

_____

Anhang II

Brief von Pastor Harder

wiedergegeben nach der Manuskriptfassung

im Dithmarscher Landesmuseum

[Seite 34 unten]

In derselben Sitzung verlas der Vorsitzende ein Schreiben des Herrn P. Harder, worin derselbe seinen Austritt aus dem Denkmalskomitte erklärte.

[Seite 34a]

Das Schreiben lautete:

"An den Vorsitzenden des Komitees für die Errichtung eines Denkmals zur Erinnerung an die Schlacht bei Hemmingstedt den 17. Febr. 1500, Herrn Hauptlehrer Goos in Meldorf.

Hierdurch unterlasse ich nicht, Ihnen mitzuteilen, daß ich aus dem Komitee austrete.

Meine Gründe sind folgende:
1. Es ist meine feste Überzeugung, daß der Beschluß des Komitees vom 21. Jan. d. Js. und die schiedsrichterliche Entscheidung der Kreistage vom 24. und 27. März d. J. sich im Widerspruch mit den geschichtlichen Tatsachen und sonstigen sachlichen Gründen befinden. Je länger ich mich mit der einschlagenden Literatur beschäftige, desto mehr werde ich in

meiner Auffassung bestärkt. In dieser Beziehung ist für mich von entscheidender

[Seite 34b]

Bedeutung ein Aufsatz von Dr. R. Hansen, Lehrer am Realgymnasium in Oldesloe, in der 2. Beilage der No. 73 der Itzehoer Nachrichten vom 27. März d.Js. geworden. Dr. Hansen hat als Dithmarscher - er ist im Kirchspiel Wöhrden gebürtig - auch über die Schlacht bei Hemmingstedt in Kopenhagen und Hamburg wichtige Dokumente eingesehen, und er vertritt im wesentlichen eine mit der meinigen übereinstimmenden Überzeugung. Wäre mir die Ansicht des Dr. Hansen schon am 3. März bekannt gewesen, dann wäre ich damals schon ausgetreten. Andererseits gibt auch Herr Nehlsen, Hamburg, zu, daß auf der Wurt bei der Dehling die Schanze nicht gestanden hat. Wenn das Denkmal an der Stelle stehen soll, wo die Schanze gestanden hat und wo die Entscheidung gefallen ist, d.h. der Moment eingetreten ist, in welchem der Feind gezwun-

[Seite 34c]

gen wurde, umzukehren, das will sagen, die Flucht zu ergreifen, so muß es am Ende des Schwienmoors errichtet werden; denn dort hat die Schanze gestanden und bei oder in der Nähe derselben ist auch die Entscheidung gefallen.
Aus dem vorstehend Mitgeteilten wird man ersehen können, daß ein für ein auf der Wurt bei der Dehling zu errichtendes Denkmal das Interesse fehlen muß, - denn ich kann nicht wider die Wahrheit- und dass deshalb mein Austritt aus dem Komitee geboten ist.

2. In der Komiteesitzung am 3. März in Meldorf, in welcher ich meine Zustimmung dazu gegeben, daß den Kreistagen von Süder- und

Norderdithmarschen die schiedsrichterliche Entscheidung übertragen werden solle, wurde auch die Vereinbarung getroffen, daß bis zu dieser Entscheidung keinerlei Agitation stattfinden dürfe. Gleichwohl hat Herr Nehlsen im 2. Blatt der No. 35 des Heider Anzeigers vom 21. März und in der 2. Beilage zu No. 63 der Itz. Nachr.vom 23. März, und wie mir mitgeteilt worden ist auch im Dithmarscher Boten, Aufsätze für Dusend-

[Seite 34d]

düwelswarf und gegen Hemmingstedt veröffentlicht, und zwar so kurz vor den in Aussicht stehenden Entscheidungen, daß eine Widerlegung nicht mehr möglich war. Diese Aufsätze sind, obwohl sie fast nur Haltloses vorbringen, doch in einer so geschickten agitatorischen Form abgefaßt, daß es mir nicht zweifelhaft ist, sie sind vom Verfasser lediglich darauf berechnet gewesen, die Kreistagsmitglieder in entscheidender Weise zu beeinflussen, und dies ist, wie ich annehmen muß, auch mit tatsächlichem Erfolg geschehen. Diese fast zu gleicher Zeit in mehreren Blättern veröffentlichten Aufsätze müssen um so mehr befremden, als Herr Nehlsen bereits in No. 36 Itz. Nachr.vom 12. Februar seine Ansicht in dieser Sache öffentlich dargelegt hatte. Ich habe den Eindruck, daß er von irgend jemandem zu Veröffentlichung derselben veranlaßt worden ist; aber wie dem auch sei, tatsächlich ist durch dieselben im Widerspruch mit der am 3. März getroffenen Vereinbarung für Dusenddüwelswarf öffentlich agitiert worden. Daraus folgt für mich, daß ich für die Zukunft in der Denkmalssache freie Hand habe.- Ich bitte Sie, die vorstehende Erklärung dem Komitee gefälligst mitteilen zu wollen. Hemmingstedt, d. 13. Mai 1897. H. Harder, Pastor.